AF405456

Estableciendo el **diseño original**
de Dios y restaurando familias

La familia que siempre *soñé*

ZULAY ARRAIZ

LA FAMILIA QUE SIEMPRE SOÑÉ

Estableciendo el diseño original de Dios y Restaurando familias

Diseño y diagramación

Keren Nicoll Fierro Sánchez

MIND Maketing Digital

Georgia – 786 2377171

Tercera edición, Enero 2021

Depósito Legal: M120160005

ISBN 978-980-424-046-1

Dedicatoria

Al Señor de Señores Jesucristo por darme la oportunidad de conectarme con mi propósito de vida.

A mi Esposo Pedro Arraiz compañero de viaje por la vida, quien me ha provisto de estrategias, apoyo y amor incondicional.

A mis hijos físicos y espirituales que me han dado las ganas de seguir luchando.

Y a todas las familias que desean establecer el diseño de Dios y ver cumplidos sus sueños de familia.

Agradecimientos

Mi más sincero agradecimiento a:

A mi **Padre Celestial** por ayudarme a crecer y poder ser instrumento de bendición y restauración a las familias.

A mis padres Pompeyo y Amelia quienes fueron los instrumentos y maestros de vida para estar y ser útil a este mundo.

A mis hermanos y resto de la familia que me dieron la oportunidad de experimentar y crecer en una familia.

A mi hijo Ezequiel quien ha sido parte importante para la inspiración y elaboración de este libro.

A mi padre espiritual y mentor ministerial Jorge Porras quien me enseñó a nunca rendirme, luchar por mis sueños y a entregar el 200% en cada paso que doy en la vida.

A todos los que leen este libro por creer que pueden tener una familia mejor.

Si vas a defender algo hasta la muerte que sea a la familia.

Índice

"

Tener un lugar a donde ir es un hogar. Tener alguien a quien amar es una familia. Tener ambos es una bendición.

"

Donna Hedges.

Introducción

Los seres humanos tenemos una hermosa capacidad de soñar, lo que permite hacer volar el pensamiento y conectarlo con el corazón para vernos en el futuro, cuando éramos niños soñamos en ser bomberos, policías o médicos, pero el sueño más recurrente y común era tener una familia.

Dios colocó ese sueño en el corazón del hombre y nunca es demasiado tarde, ni se es demasiado viejo para hacerlo realidad.

Si no logramos transformar el sueño en una fuerza poderosa que nos haga manifestarlo como una realidad, terminaremos frustrados y decepcionados con nosotros mismos. Si lo que estás viviendo no es lo que soñaste entonces debes tomar decisiones de cambio y reorientar tus acciones para ejecutarlo.

Estamos viviendo tiempos difíciles y sumamente peligrosos en la sociedad, pero eso no imposibilita la realización de la felicidad familiar.

En estos tiempos convulsionados y de gran crisis moral debemos hacer un alto para reflexionar sobre la manera como estamos conduciendo nuestra vida y nuestra relación familiar, asímismo un esfuerzo para adquirir herramientas para la vida que nos ayuden a crecer, ya que los tiempos que estamos viviendo exigen hoy más que nunca el estar preparados para enfrentar las diferentes adversidades y etapas propias del cambio de la sociedad y la familia.

Para nadie es un secreto la crisis moral y espiritual que vive la sociedad y que se manifiesta en violencia, delincuencia e inseguridad, la cual golpea a la familia, quien busca sobrevivir ante la inclemencia de la maldad de seres humanos que sin afecto natural dañan y destruyen lo que consiguen a su paso.

El reto ante esta realidad no es sólo sobrevivir debemos desear vivir con éxito, paz y alegría. Pero solamente lo conseguiremos si nos refugiamos en el conocimiento del manual del que creó la familia, es Él quien la puede proteger y bendecir. EL PADRE CELESTIAL.

En estas páginas encontraras estrategias divinas para establecer el diseño de Dios y vivir exitosamente en estos tiempos de crisis, no sólo como familia sino como matrimonio y como individuo que quiere permanecer fiel a los principios del creador en un mundo cruel y despiadado, por otra parte, podrás adquirir técnicas para fortalecer la convivencia familiar y mantener tu familia a salvo, porque si protegemos la familia estamos asegurando la protección de la sociedad, ya que la familia es el núcleo de la sociedad. Si la familia está sana la sociedad se fortalecerá.

Estas estrategias y herramientas te servirán para ayudar, fortalecer y reconstruir los muros familiares de miles de personas que viven la mala experiencia de la desintegración familiar.

En este libro se plantea la importancia y especificaciones del diseño establecido por el Creador de la familia, además brinda las técnicas para vivir como familia en este mundo violento, agresivo e inmoral. Dios es un Dios de diseño, el ignorar esto, puede generar conflictos innecesarios tanto personales como familiares. En el libro de Ezequiel 43:11 dice:

"Y si se avergonzaren de todo lo que han hecho, hazles entender el diseño de la casa, su disposición, sus salidas y sus entradas, y todas sus formas, y todas sus descripciones, y todas sus configuraciones, y todas sus leyes; y descríbelo delante de sus ojos, para que guarden toda su forma y todas sus reglas, y las pongan por obra."

Este pasaje muestra la necesidad de enseñar el diseño de Dios en la iglesia y en la familia, en la Palabra hay instrucciones no solo espirituales sino también domésticas, para aprender a convivir en paz y armonía.

"LA FAMILIA QUE SIEMPRE SOÑÉ", tiene algunos objetivos como: invitar primeramente a la reflexión, al análisis de como se desarrolla la relación familiar y acto seguido motivar a la acción, que puedan provocar cambios sobre la convivencia familiar, permitiendo e invitando a revisar la dinámica familiar que cada uno de los lectores vive, para desafiarlo a tomar decisiones de cambios y finalmente adquirir herramientas estratégicas para ponerlas en práctica, logrando así, una modificación en la convivencia familiar, produciendo una familia sana que conviva en armonía. Deseo con todo mi corazón que en este libro puedas encontrar un mapa que te sirva de guía, para que descubras los tesoros que hay en tu familia, aprendiendo nuevos conceptos y técnicas que te sirvan para hacer realidad, la familia que siempre soñaste, desarrollar tu potencial y sobre todo puedas disfrutar al máximo la experiencia de ser familia y finalmente cumplir el propósito de Dios para lo que te dio la vida.

Esta es una experiencia que puede ser hermosa y alegre, pero sobre todo desafiante, te invito a iniciar el recorrido por estas páginas que te llenaran de fuerza y valentía para realizar cambios necesarios y mantener tu familia a salvo de los depredadores que quieren destruirla, juntos podemos salvar la familia.

Para convertir el sueño de familia que hay en tu corazón en una realidad, debes invertir tiempo en tu crecimiento, añadiendo conocimiento y deseo de superación. Adelante, lo mejor está por comenzar.

Esperando que el paseo que darás en este libro te llene de reflexión, deseo, conocimiento y motivación para hacer realidad ese sueño de familia que hay en tu corazón, siendo un instrumento de restauración del diseño de familia en la sociedad.

¡¡Abróchate los cinturones que el vuelo va a iniciar!!.

Capítulo 1

¡SÍ HAY UN
manual!

*El hogar es donde eres amado
sin que se te pida nada a cambio.*

Anónimo.

Algunas personas piensan que la vida de familia es difícil y creen que se complica más porque no hay quién oriente y agregan que no existe un manual que enseñe a convivir, lo que hace la situación más compleja.

Muchos padres plantean que "los hijos vienen a este mundo sin un manual debajo del brazo", e igualmente muchos esposos justifican sus conflictos, porque no recibieron ningún manual de instrucciones para manejar diferencias y conflictos con su cónyuge, pero tengo buenas y excelentes noticias **SI HAY UN MANUAL,** la Palabra de Dios es el manual de vida personal y conyugal, que guía al ser humano en su interacción familiar con GARANTIA DE ÉXITO.

En la Palabra de Dios está contenida toda la información que es de vital importancia para aprender a vivir y convivir en familia, en este manual hay instrucciones para manejar relaciones exitosas: en la comunicación, corrección, manejo de diferencias y establecimientos de normas y acuerdos.

Más allá de que la BIBLIA es un libro espiritual con principios profundos y de inagotable sabiduría, que a muchos les parece maravilloso y a otros incomprensible, sin embargo, es un libro con conceptos sencillos y fáciles de aplicar en la vida diaria.

También es considerado como un libro de historia y entendemos que en él está contenido el relato de historias de naciones, pueblos, familias, matrimonios, eventos de padres e hijos, en la Palabra de Dios se plantea historias de familias y personas, en donde se describen sus vidas y hechos significantes, pero no es el objetivo principal sólo contar esas historias hay algo más profundo que la Biblia contiene.

Igualmente lo llaman el libro de los consejos, porque en él, están descritos consejos que hombres sabios, profetas y ancianos dieron a reyes, sacerdotes y padres, aunque él es mucho más que un manual de consejería es más bien un libro de **INSTRUCCIONES,** que debemos seguir al pie de la letra si deseamos tener familias, matrimonios y mejores relaciones de convivencia.

El Padre Eterno y Creador de la familia dejó instrucciones claras y precisas para cada uno de los miembros de una familia.

En las escrituras están especificados cada una las funciones, importancia y responsabilidades que cada miembro de la familia debe asumir para llevar una convivencia sana y libre de conflictos.

Muchos de nosotros crecimos dentro de una familia que ignoraba el MANUAL DE DIOS y lamentablemente estamos condicionados a perpetuar la ignorancia, repitiendo los patrones de conductas como fuimos criados, a menos que nos dispongamos a conocer al CREADOR y SU MANUAL, podremos crecer y salir adelante en la convivencia familiar.

Así que uno de los enemigos terribles de la familia es la ignorancia, y es una de las razones que destruyen la familia (matrimonios, padres, y jóvenes). Hay que erradicar la ignorancia que se hereda de generación a generación y aprender a poner en práctica las instrucciones del manual para transferir el conocimiento y la bendición de Dios dejándola como herencia a nuestros hijos y nietos.

Hay dos tipos de ignorantes como lo plantea la Biblia en el libro de Oseas 4:6

———————————————— 66 ————————————————

Mi pueblo fue destruido, porque le faltó conocimiento. Por cuanto desechaste el conocimiento, yo te echaré del sacerdocio; y porque olvidaste la ley de tu Dios, también yo me olvidaré de tus hijos.

———————————————— 99 ————————————————

1. El que reconoce que no sabe, busca ayuda y es humilde en aceptar la corrección.

2. y, por otra parte, el que cree que sabe, pero en realidad no sabe, es orgulloso y corta la bendición generacional.

El único camino es reaprender y para lograr reaprender hay que desaprender, es decir abandonar los viejos hábitos y asumir nuevos patrones de comportamiento, que marcará un nuevo estilo de vida planteado por el creador de la familia en la PALABRA DE DIOS. En Romanos 12: 2

————————————— 66 —————————————

"No se amolden al mundo actual, sino sean transformados mediante la renovación de su mente. Así podrán comprobar cuál es la voluntad de Dios, buena, agradable y perfecta".

————————————— 99 —————————————

Otro enemigo de la familia es **el orgullo,** cuando nos hacemos sabios en nuestra propia opinión y creemos no necesitar ayuda, ni herramientas para llevar nuestras relaciones familiares, estamos cerrando la posibilidad a la bendición de Dios.

Finalmente, el otro enemigo es **el egoísmo,** personas que no piensan sino solo es su bienestar y comodidad, se resisten a ceder un espacio para compartir y asumir responsabilidades conjuntas en la familia.

Cuando pienso en un Diseño pienso en un dibujo que el fabricante elabora para plasmar su sueño, así también el Padre plasmó su sueño de familia en su Palabra, Él es un Dios de Diseños, Él soñó con una familia y podemos observar esto en las escrituras: cuando creó la familia con Adán, el arca a Noé para proteger la familia, el Tabernáculo a Moisés para congregar a la familia y luego estableció el plan de Redención en JESUCRISTO su hijo para salvar y darle vida eterna a la familia.

Un Diseño contiene Verdades, Principios y Valores, las verdades son absolutas y no cambian en el tiempo ni en las culturas, son las que establecen el fundamento, los principios son la aplicación de esa verdad de manera práctica y los valores son los que determinan la consistencia de esa verdad.

Cuando la familia camina bajo el diseño del Padre Celestial, el cual está fundamentado en Su verdad y se practican esos principios señalados por Él, recibirá bendición, tomando en cuenta los valores espirituales para garantizar la calidad de las decisiones que se tomen en torno a la familia.

Tenemos que edificar la familia con sabiduría y sobre la roca, como lo señala: Proverbios 24: 3

——————— **66** ———————

Con sabiduría se edificará la casa, y con prudencia se afirmará;

——————— **99** ———————

La sabiduría es aplicar el conocimiento, los sabios son aquellos que practican el conocimiento mientras los necios son aquellos que teniendo conocimiento no lo quieren aplicar. Mateo 7:24-27

——————— **66** ———————

24. "Cualquiera, pues, que me oye estas palabras, y las hace, le compararé a un hombre prudente, que edificó su casa sobre la roca. 25. Descendió lluvia, y vinieron ríos, y soplaron vientos, y golpearon contra aquella casa; y no cayó, porque estaba fundada sobre la roca. 26. Pero cualquiera que me oye estas palabras y no las hace, le compararé a un hombre insensato, que edificó su casa sobre la arena; 27. Y descendió lluvia, y vinieron ríos, y soplaron vientos, y dieron con ímpetu contra aquella casa; y cayó, y fue grande su ruina".

——————— **99** ———————

La estructura familiar será probada desde arriba hacia abajo, y en todos los ángulos. Y allí se demostrará la calidad de la construcción.

Con este ejemplo podemos ver que cada casa representando a la familia tendrá múltiples ataques tanto espirituales como morales y económicos, pero el que edificó sobre el fundamento de la verdad de Dios no caerá y se mantendrá firme en medio de situaciones difíciles y peligrosas.

Las lluvias atacan el techo, pudiendo representan los ataques morales e ideológicos a la familia, como el de la infidelidad, pornografía y perversiones sexuales, además de toda la gama de ideas que atacan el techo del hogar y si hay aberturas o fisuras se puede colar el agua de lluvia y producir daños aún más complejos de reparar.

Los vientos atacan las paredes, puertas y ventanas estos pueden representar las situaciones económicas y financieras que sorprenden y envisten la casa, dañando puertas, ventanas y dejándola a la intemperie.

Finalmente, los ríos atacan las bases que pueden representar los ataques espirituales que no dejan que los hogares se mantengan en pie, estos ríos buscan destruir la base de la casa, representada por el matrimonio, porque la destrucción del matrimonio es la desintegración de la familia y el debilitamiento de la sociedad.

Estas son las verdades que muestran la primera parte del pasaje de Mateo 7:24, sin embargo también señala que si edificamos correctamente, colocamos nuestras familias bajo la protección y bendición de Dios, con el fundamento de las enseñanzas de JESUCRISTO, a pesar de esos ataques fieros y despiadados a la edificación, ésta no caerá, se mantendrá fuerte en la sociedad, siendo una fuente de bendición y una referencia a otros, para mostrar que si se puede tener una familia feliz y tener una convivencia sana cuando Dios está con nosotros. Comenzando con el fortalecimiento del núcleo de la familia, EL MATRIMONIO, ya que un buen matrimonio dará a luz una buena familia, pero sobre todo la disposición del crecimiento y sanidad personal.

Capítulo 2

¿DÓNDE HAY UNO QUE *quiere crecer?*

Para una persona no violenta, todo el mundo es su familia.

Mahatma Gandhi.

Importancia del crecimiento personal y emocional para asumir una relación de convivencia familiar exitosa.

Para lograr crecer debes combatir los grandes enemigos del éxito personal, uno de ellos es la culpabilidad, ocasionada por las malas decisiones del ayer, la otra es la ansiedad que tiene que ver con la preocupación de lo que pasará mañana y finalmente la ingratitud por no saber valorar el presente que vives, siendo esclavo del pasado y fugitivo del futuro, desperdiciando la oportunidad de crecer en el presente.

Quizás fuimos criados por padres que ignoraban el diseño de Dios, con padres que no supieron como corregirnos o instruirnos, ya que ellos mismos fueron criados bajo la cultura de maltrato y en muchos casos sin figuras de paternidad clara, ni modelos sanos que seguir, formando hijos minusválidos emocionalmente, castrados en sus sueños y con poca valoración personal.

El hogar es la fábrica de seres humanos y los padres son los fabricantes, si ellos no poseen DISEÑOS CLAROS que contengan estrategias para esa fabricación entonces estarán destinados a perpetuar los mismos modelos de hogares donde ellos crecieron. Se repetirán los mismos patrones de conductas, que observaron y aprendieron de sus padres.

En ese escenario están contextualizadas muchas familias que fabricaron hijos sin conocimientos, con traumas y complejos, de allí la necesidad de crecer, reaprender nuevas formas de comunicación para mejorar la convivencia, esto se logra dando el primer paso que es la sanidad personal.

Toda sanidad personal comienza con la sanidad espiritual y emocional para luego provocar la sanidad familiar.

De allí la importancia de conocer el plan de salvación a través del sacrificio de JESUCRISTO en la cruz del calvario y aceptarlo en nuestros corazones para iniciar una nueva vida. Como lo señala I Pedro 1:18 y 19

———————————— **"** ————————————

sabiendo que fuisteis rescatados de vuestra vana manera de vivir, la cual recibisteis de vuestros padres, no con cosas corruptibles, como oro o plata, sino con la sangre preciosa de Cristo.

———————————— **"** ————————————

En JESUCRISTO fuimos rescatados de toda mala formación que hemos recibido de nuestros padres y de la vana manera de vivir, hacia un nuevo estilo de vida, eso es crecimiento personal, para lograrlo, debemos activar la capacidad de determinarnos, esforzarnos y perseverar en esas decisiones.

Aprender para identificar lo que estamos haciendo mal y que nos genera incomodidad y malestar. Debemos evaluar por resultados, ¿hay algo que te incomoda en tu familia?, ¿podrías mejorarlo?.

Para lograr ese cambio en un nuevo estilo de vida debemos identificar todos aquellos malos hábitos que dañan la convivencia familiar, corregirlos y sustituirlos por hábitos sanos y finalmente permanecer en esas nuevas acciones que traerán una mejor convivencia tanto conyugal como familiar.

Para lograr crecer primero debo conocer y luego hacer. Hay que invertir en el conocimiento, no te conformes en repetir lo que aprendiste en tu hogar de la niñez, empieza una nueva etapa y busca crecer por conocimiento.

¿Qué pasó con la vida que siempre soñé?

La Biblia es un libro que nos muestra al Rey de la creación, nos hace un llamado a formar parte de su familia real, eso significa que debemos abandonar viejos hábitos de pecado, que no traen beneficios emocionales, más bien nos esclavizan y hacen dependientes de los demás.

El Rey de la Creación (Padre Celestial) nos manda a llamar para sanarnos, liberarnos de los traumas y complejos que nos dejó la infancia sin Dios, donde las personas que más nos debieron amar nos maltrataron, las personas que nos debieron proteger nos dejaron huérfanos y abandonados. Quizás porque ellos también fueron víctimas de un pasado doloroso y no pudieron salir de esa cárcel de abandono y maltrato. Pero tú que estás leyendo este libro tienes la llave que abre la puerta de esa cárcel, de la cual debes salir lo más rápido posible, para que puedas brindar a tu futura generación: la bendición de la libertad, sanidad emocional y garantizar el legado espiritual.

En libro de Samuel nos muestra la historia del Rey David y Mefi-Boset, podemos ver algunos principios para lograr el crecimiento y sanidad emocional de una persona y su impacto en la vida familiar. 2 Samuel 9:2-11

66

2. Y había un ciervo de la casa de Saúl, que se llama Siba, al cual llamaron para que viniese a David. 3. Y el Rey le dijo: ¿eres tú Siba?. Y él respondió: tu siervo. Y el Rey le dijo: ¿No ha quedado nadie en la casa de Saúl, a quien haga yo misericordia de Dios? y Siba respondió al rey: Aún ha quedado un hijo de Jonatán, lisiado de los pies. 4. Entonces el Rey le preguntó: ¿dónde está? y Siba respondió al Rey: He aquí, está en casa de Maquir hijo de Amiel, en Lodebar. 5. Entonces envió el rey David, y le trajo de la casa de Maquir hijo de Amier, de Lodebar. 6. Y vino Mefi-boset, hijo de Jonatán hijo de Saúl, a David, y se postró sobre su rostro e hizo reverencia. Y dijo David: Mefi-boset. Y él respondió: He aquí tu siervo. 7. Y le dijo David: No tengas temor, porque yo a la verdad haré contigo misericordia por amor de Jonatán tu padre, y te devolveré todas las tierras de Saúl tu padre; y tú comerás siempre a mi mesa. 8. Y él inclinándose, dijo: ¿Quién es tu siervo, para que mires a un perro muerto como yo? 9. Entonces el rey llamó a Siba siervo de Saúl, y le dijo: Todo lo que fue de Saúl y de toda su casa, yo lo he dado al hijo de tu señor. 10. Tú, pues, le labrarás las tierras, tú con tus hijos y tus siervos, Y tenía Siba quince hijos y veinte siervos. 11. Y respondió Siba al rey: Conforme a todo lo que ha mandado mi señor el rey a su siervo, así lo hará tu siervo. Mefi-boset, dijo el rey, comerá a mi mesa, como uno de los hijos del Rey.

99

Esta historia tan fascinante y hermosa, muestra principios de crecimiento personal que debemos aplicar en nuestra vida, para lograr crecer y disfrutar de la "mesa del Rey" con todos los banquetes que tiene preparado para nosotros.

¿Que impide que una persona disfrute de la sanidad emocional y espiritual? Muchos de estos impedimentos tienen que ver con su infancia, como lo podemos ver en esta historia. Niños con carencias emocionales, abandono físico y orfandad, terminan siendo adultos frustrados y opacados.

En esta historia vemos como las decisiones de un padre en este caso el Rey Saúl afecta a su hijo (Jonatan) y a su nieto (Mefiboset) e incluso lo perjudica físicamente ya que el niño se cae, se lesiona la columna y queda paralitico.

Por otra parte, no solo la mala experiencia de su infancia sino el hecho de crecer sin Padre ni abuelo, es decir sin familia, esta experiencia generó el problema de valoración personal que lo llevó a sentirse como un "perro muerto".

Finalmente, el hecho de no vivir con las personas que más debieron amarlo, cuidarlo y protegerlo, lo hizo crecer sin hogar, abandonado y con un conflicto interior de orfandad y sin tener la capacidad de saber manejarlo.

Muchos de nosotros estamos como Mefiboset, fuimos abandonados o maltratados en nuestra niñez y eso dejó una huella de orfandad, que se manifiesta en inseguridad, miedos, poca energía interior y baja estima, pero al igual que Mefiboset hay un llamado del Rey para que empecemos una nueva vida dejando esas sombras de dolor, frustración y tristeza del pasado y empezar a vivir en el Palacio del Rey, es decir, un nuevo comienzo bajo la experiencia de saber que no somos producto de los errores y equivocaciones que cometieron nuestros padres, sino más bien de un plan divino que nos dio la vida y ahora nos hace un llamado para vivir bajo una nueva cultura, diferente y productiva, eso se puede lograr abriendo camino, saliendo de LODEBAR (El pasado), que al igual que Mefiboset, lo debes hacer tú.

Para vivir en Jerusalén donde estaba el Palacio del Rey David, según la historia que estamos analizando, Mefiboset debió tomar decisiones que cambiaron su futuro y el de sus generaciones, abandonar LODEBAR la tierra donde pasó muchos años de su vida, para ahora abrazar un nuevo estilo de vida y un nuevo comienzo (JERUSALEN).

El abandonó el lugar de su residencia LODEBAR, lo mismo debes hacer tú, abandonar la cultura de falta de logros, fracaso y miseria que son consecuencia de una crisis de identidad provocada por la misma orfandad, que resta energía para soñar, luchar, vencer y minimiza el deseo de superación, más bien te fabrica como una persona que debe conformarse y quedarse tranquilo porque "así es la vida".

Esta conformidad y pasividad ante la vida se debe a la falta de PROYECTO DE VIDA, que un Padre le imparte a su hijo, de allí la importancia de crecer emocionalmente antes de tener un hijo, ya que Padre es aquel que marca un destino y traza una ruta de vuelo para la vida de sus hijos, lamentablemente en el caso de Mefiboset nadie había hecho ese trabajo y tuvo que tomar la decisión de soltar la cultura donde fue criado para atreverse a conocer algo nuevo+. Lo mejor es que se atrevió y venció, esa es la enseñanza clave para nuestras vidas, ver como otras personas lo han logrado y atrevernos a seguir esos pasos y buscar un futuro mejor para nosotros y nuestras generaciones.

"Salir de LODEBAR e ir a vivir a JERUSALEN", representa la decisión firme de soltar el pasado y abrazar un futuro mejor, conocer unas formas de comunicarnos, de negociar acuerdos y manejar situaciones difíciles.

"Vivía Mefi-boset en Jerusalén y se sentaba a la mesa de Rey", Representa la necesidad de adquirir nuevos hábitos y no dejar que las viejas costumbres se apoderen de nosotros, ni permitir que las sombras del pasado arruinen la bendición del presente, es aprender a vivir con libertad emocional y espiritual que brinda el conocer a JESUCRISTO y seguir sus enseñanzas, día tras día.

Sólo cuando crecemos podemos ayudar a otros a crecer, no podemos dar lo que no es nuestro, ni enseñar lo que no sabemos, ni guiar a donde nunca hemos ido, todo lo que demos, primero debemos conquistarlo nosotros, debe ser nuestro para entregarlo a nuestra familia. No podemos regalar lo que no nos pertenece.

Te casas porque quieres compartir tu felicidad con la otra persona, te casas porque eres feliz. La felicidad, la paz y alegría son tesoros que la persona cultivan desde su interior, debes tener tu deposito emocional y espiritual lleno antes de unirte a otra persona, el gran error de muchos es que se unen esperando que su cónyuge le de lo que ellos esperan, debemos ir al matrimonio dispuestos a dar. Y de allí la necesidad de crecer primero internamente, ¿Dónde hay uno que quiere crecer?, debes decir ¡aquí hay uno!.

El Rey de Reyes te hace una invitación a la sanidad integral, sólo aceptando su plan redentor y conociéndole personalmente podrás librarte de esos traumas, complejos de culpa, rechazo y maltratos psicológicos que pudiste haber experimentados en el ayer, pero HOY tienes oportunidad de crecer.

¿Dónde hay uno que el Rey mandó a llamar para sanarlo, bendecirlo y sobre todo para que esté en su mesa todos los días?.

¡Espero puedas decir ¡Aquí hay uno!.

<hr>
Capítulo 3
<hr>

EL MATRIMONIO
en peligro de extinción

El hogar es la familia, no un lugar.
Anónimo

Muchos piensan que la familia es la institución más importante de la sociedad y NO es así, realmente es el MATRIMONIO la institución más importante, ya que en ella se inicia la familia, si la sociedad deja de creer en el matrimonio la familia no tendrá significado ni sentido, porque el matrimonio es la institución clave para la permanencia de la cultura familiar, así que, luchar por el matrimonio es salvar la sociedad.

La institución Matrimonial está en peligro de extinción porque cada día son más las personas que no creen en "EL MATRIMONIO", muchas personas dicen "para que casarme si luego tengo que divorciarme", "yo no creo en el matrimonio, eso paso de moda", este concepto se está desapareciendo, difuminándose y borrándose en las mentes de los jóvenes, los cuales son la materia prima de las nuevas familias.

Si los jóvenes no creen en el matrimonio y no quieren casarse, ¿cómo será la sociedad dentro de unos años?, ¿cuáles serán los nuevos conceptos de familia?, penosamente la sociedad cree más en el divorcio que en el matrimonio.

No debemos permitir que el concepto de matrimonio se extinga, más bien, debemos luchar para que se promueva en la sociedad y los jóvenes tengan una perspectiva correcta de cómo enfrentar esa nueva etapa de casarse y mantenerse unidos hasta que la muerte los separe.

El fundamento del matrimonio es cultivar la relación, de allí la importancia de educar a las parejas para que aprendan a convivir y puedan hacer realidad el sueño del matrimonio que siempre desearon y no se convierta en una pesadilla de terror.

La Relación de pareja es una de las relaciones más complicadas dentro de la familia, la convivencia de pareja es muy compleja ya que se trata de dos personas completamente diferentes, que vienen de hogares distintos, maneras de ver la vida distintas, personalidades y temperamentos distintos, y sobre todo con aspiraciones y expectativas muy diferentes, en realidad, la convivencia solo es posible cuando logramos crecer emocionalmente, y mantener unos canales de comunicación abiertos y principalmente apegarnos a los principios que el Padre Creador estableció para cada uno de los miembros de esta empresa llamada "MATRIMONIO".

Un matrimonio sano y exitoso requiere de mucho trabajo y compromiso. Los cónyuges deben esforzase para que la relación funcione, ayudarse mutuamente a crecer, de lo contrario lamentablemente sucumbirán a las estadísticas del divorcio. Lo importante no es cortar el hilo es desenredar el nudo, esto requiere paciencia y preparación, pero sobre todo disposición.

Este "nudo" se presenta de forma natural a lo largo de los años de convivencia matrimonial, pero hay otros que traen "nudos personales" no resueltos de su infancia, adolescencia, juventud, u otras relaciones anteriores, por eso se debe trabajar para resolver lo más que se pueda esos "nudos", crecer interiormente y buscar sanidad emocional antes de que se complique la convivencia conyugal. Es responsabilidad de cada cónyuge luchar por su crecimiento personal.

Muchas parejas no poseen ni la paciencia, ni la disposición, ni las fuerzas de luchar por salir a flote de esos conflictos que la asfixian y ahogan, más bien prefieren optar por la puerta de salida llamada "DIVORCIO", como la solución más rápida e inmediata a los conflictos, donde acuden miles y miles de parejas que prefieren huir antes que enfrentar con esfuerzo y disposición las diferentes situaciones, piensan que el divorcio es la solución más fácil, no se dan cuenta que es una etapa complicada que requiere mucha información y conocimiento, para poder tomar esa decisión

Es necesario resolver estos "nudos" de conflictos emocionales intrapersonales para facilitar la construcción del puente de comunicación efectivo, siendo este el pilar fundamental del proyecto matrimonial, ya que a través de este puente se establecen los acuerdos y muchas decisiones conjuntas como: la administración del tiempo, la crianza de los hijos, en materia de educación y disciplina, manejo de dinero, etc.

El no tener esa buena comunicación no solo afecta el área general del matrimonio sino también el área intima sexual, provocando que los cónyuges no se sientan apreciados y amados, dando paso a la sombra de la infidelidad, siendo esta una de las causas que esgrimen las parejas a la hora de divorciarse. De allí la importancia de que la pareja construya los acuerdos en las áreas de tiempo, dinero y sexo sobre la base de un buen puente de comunicación.

De esta manera, para evitar los divorcios se deben preparar a los jóvenes solteros, ya que ellos son la materia prima de las futuras familias que se establecerán en la sociedad, enseñarles lo que es "UN MATRIMONIO", como lo establece el Creador de esta institución, brindándoles sus pautas de funcionamiento y principios, que garanticen familias sólidas y estables.

¿Qué pasó con el matrimonio que siempre soñé?

Hay matrimonios que viven una pesadilla, porque dejaron que el sueño del matrimonio feliz se extinguiera, dejaron que los resentimientos, la falta de acuerdos, el orgullo, el egoísmo, la falta de madurez, entre otros factores, envenenara la relación matrimonial y finalmente la destruyera.

Hay parejas que conviven por la fuerza de la costumbre, conviven superficialmente, no hay intimidad emocional, ni proyectos, ni decisiones conjuntas, solo se comunican lo necesario para cumplir con el reporte diario de comunicación, pero no afloran sus sentimientos y deseos íntimos por temor a ser juzgados y confrontados.

Si a los aspectos negativos de problemas personales no resueltos le sumamos la ignorancia de cómo funciona un matrimonio provocaremos el estallido de la bomba de destrucción masiva. El camino de la restauración de los matrimonios es la educación basada en el conocimiento de los principios establecidos por Dios en su Palabra.

Debemos revisar los principios fundamentales para que el matrimonio funcione y cumpla el propósito para lo cual fue creado, según el Manual de

Dios. Él fue quien ofició el primero entre ADAN y EVA, en la Biblia está contenido el diseño de esta institución vital de la familia, ya que una familia se inicia con el matrimonio. Genesis 1:27-28

La garantía de un buen funcionamiento está en poner en práctica los principios que establece el Creador o diseñador, los cuales no se pueden practicar si no se conocen. Dice Génesis 2:24

> *Por tanto, dejará el hombre a su padre y a su madre, y se unirá a su mujer, y serán una sola carne.*

Debemos tomar la decisión firme de caminar bajo principios, tales como:

Principio de la Independencia:

Todo hogar se fundamente en este principio, que supone salir de la dependencia de nuestros padres, para asumir responsabilidades por nuestra nueva familia nuclear.

"Por tanto, dejará el hombre a su padre y a su madre…"

1. Implica cortar lazos de dependencia con los padres
2. Asumir responsabilidades propias
3. Vivienda independiente

Consecuencias de la violación del Principio de Independencia:

1. Intromisión de familiares en la relación matrimonial
2. Múltiples dirección en un solo hogar
3. Reglas cambiantes
4. Pérdida de la armonía del hogar

Principio de la Unidad:

Significa la formación de una nueva unidad familiar, pública y social. También Implica alianza emocional, física, financiera y espiritual. *"…y se unirá a su mujer, y serán una sola carne"*.

El estar en unidad es para tomar decisiones de todo tipo en conjunto, es la llave fundamental para realizar los acuerdos, la pareja que trabaja en unidad tiene más logros. Como lo señala Eclesiastés 4:9

"

Mejores son dos que uno; porque tienen mejor paga de su trabajo.

"

Consecuencias de la violación del Principio de Unidad:

1. Administración, responsabilidades y bienes separados.
2. Presupuesto no compartido.
3. Caos financiero en el hogar.
4. Malos entendidos e infidelidad, entre otros.

Principio de Dirección:

Se debe establecer una unidad de mando sin que eso ponga en menosprecio al otro cónyuge, El Padre estableció al hombre como la cabeza de la relación, es decir debe saber gobernar con sabiduría para evitar la anarquía, el caos y la confusión en el hogar y para ello debe ser preparado en el arte de gobernar. Como los señala Efesios 5:23.

"

Porque el marido es cabeza de la mujer, así como Cristo es cabeza de la iglesia.

"

Consecuencias de la violación del Principio de Dirección:

1. Toma de decisiones aisladas y gobierno anárquico, entre otros.
2. Pérdida del respeto y valoración de los cónyuges
3. Hijos trastornados y confundidos

Principio de Ayuda Idónea:

Tanto el hombre como la mujer desarrollan funciones claves en la relación, la mujer como ayuda debe estar dispuesta a fortalecer e impulsar al hombre en la consecución de los objetivos planteados por ellos mismos. Como lo dice Génesis 2:18

———————————— **"** ————————————

No es bueno que el hombre esté solo: le haré ayuda idónea para él

———————————— **"** ————————————

Ayuda: Significa apoyo y auxilio. Es una tarea primordial de la esposa y no secundaria. Ha sido hecha para pensar diferente al varón: no entender esto traerá conflictos. Ella es un complemento del hombre para compartir, no para competir.

Consecuencias de la violación del Principio de la Ayuda Idónea:

1. Mujeres ocupando roles equivocados.
2. Hombres anulados y manipulados.

Principio del Amor incondicional:

El amor es la clave fundamental en la relación, pero un amor como lo plantea las escrituras en el libro de Corintios 13, es un amor que no hace nada indebido, que no es egoísta, es entregarse sin reservas, sin máscaras, ni escudos, es darse el uno al otro y es fundirse en un solo ser. Es buscar el bienestar común, es ceder sin perder autonomía ni identidad y no como lo plantea la sociedad.

Tener un matrimonio funcional, no sólo requiere conocer y practicar los principios, sino el compromiso para dedicar: tiempo, esfuerzo y determinación.

Consecuencias de la violación del principio del amor incondicional:

1. Mujeres frustradas y endurecidas
2. Esposas insatisfechas sexual y familiarmente
3. Hogares sin compañerismo y divididos

Para lograr llevar una buena relación de pareja, es necesario suplir las necesidades de ambo cónyuge quienes tienen naturalezas diferentes, sin embargo, deben satisfacerse mutuamente. Todo hombre necesita aprender a satisfacer las necesidades de su esposa, y viceversa, para que la relación sea mutuamente satisfactoria y placentera.

Algunas de las necesidades principales de la mujer.

En el caso de la mujer, anhela tener un esposo romántico, ya que una de sus necesidades es "el romanticismo", ella desea un hombre cariñoso, un hombre amoroso, como los señala la Biblia en: 1 Corintios 7:33

66

el hombre casado, tiene cuidado de las cosas del mundo de como agradar a su esposa.

99

Lamentablemente, en muchos casos el hombre tiende a ser romántico durante el noviazgo y al inicio del matrimonio, pero al pasar los años, las cosas cambian, la trata diferente y se va apagando "la llama del amor", "la chispa que enciende la alegría de la relación". Es necesario educar a los esposos para que manifiesten el romanticismo durante toda la vida matrimonial.

Por otra parte, está en ella, la necesidad de "ser escuchadas", la esposa quiere comunicar sus afectos, preocupaciones, alegría y tristeza, y el hombre debe hacer un esfuerzo por escucharla y entenderla.

Luego está la necesidad de la "seguridad", cuando un hombre no provee y protege el hogar, eso crea inestabilidad en la mujer, de allí la importancia de que el hombre se prepare en su papel de protector y proveedor y no sólo del aspecto económico sino emocional y sentimental.

Muchas esposas desean que sus esposos atiendan sus necesidades emocionales y afectivas, al sentirse amadas corresponderán a sus cónyuges y esto traerá armonía en el hogar.

Algunas de las necesidades principales de los hombres.

Igualmente, los hombres necesitan que sus esposas también les atiendan en sus necesidades emocionales. El desea que su esposa lo "apoye" y le reafirme su identidad masculina. El apoyo es una muestra del trabajo en equipo y de ayuda mutua.

Por otra parte, también los hombres requieren "respeto" esto es dar el lugar que está establecido en el diseño familiar, que se sientan respetados en la relación.

Y la otra necesidad es "la intimidad sexual", en los hombres está más desarrollado el impulso sexual, y es parte de su naturaleza que fortalece su identidad, muchas parejas tienen serios problemas en el área sexual, porque la mujer controla al marido cuando no satisface su necesidad sexual, por lo contrario, al sentirse atendido y amado, el hombre corresponderá y habrá felicidad en el hogar.

Una pareja funcional y activa sexualmente tendrá una mejor salud física, ya que pruebas científicas han demostrado los beneficios de las relaciones sexuales. Como lo señala: Eclesiastés 9:9

> **"**
>
> *Goza de la vida con la mujer que amas, todos los días de tu vida fugaz que, él te ha dado bajo el sol, todos los días de tu vanidad.*
>
> **"**

Cabe resaltar la palabra "goza" como el placer de la función sexual.

Entre los beneficios están: Tonifica, todos los músculos del cuerpo, es el ejercicio más seguro, que hace que el cuerpo se mantenga firme, libera el estrógeno que le da vida a la piel, hace que el cabello brille y elimina todo el acné. El sexo es 10 veces más poderoso que una pastilla de Valiun, libera la toxina que va al cerebro, elimina el dolor de cabeza, también descongestiona la rinitis, y todo lo que es alergias.

Al igual que las relaciones sexuales, los besos tienen muchos beneficios, ya que ayudan a que el esmalte se active y proteja la dentadura de las bacterias que la debilitan y destruyen. Como lo muestra el libro de Cantares. 1:2

"

Oh, si él me besara con besos de su boca

"

La pareja debe disfrutar del placer sexual diseñado por el creador y satisfacerse mutuamente, eso llevará la relación conyugal a un nivel de intimidad e integración profunda. Esto requiere conocer al cónyuge para su satisfacción, sembrando semillas de amor y cediendo para lograr los acuerdos y trabajo en equipo. Como lo muestra Amos 3:3

"

¿Andarán dos juntos, si no estuvieren de acuerdo?"

"

El tener un matrimonio funcional no sólo beneficia a la pareja en términos de salud emocional, física y espiritual, sino también a los hijos, ya que le servirá de modelo y será su punto de partida o referente para formar sus propias familias.

Muchas parejas se acostumbraron a llevar una mala relación como parte de la rutina diaria: discusiones innecesarias, desacuerdos, silencios, burlas y mutua desconfianza, esto se convierte en un peso emocional, es mucho más difícil correr con un peso encima que hacerlo sin este, llegas más rápido y en mejores condiciones, por eso la Palabra de Dios nos dice en hebreos 12:1

> **"**
>
> *Que nos despojemos de todo peso y del pecado*
> *que nos asedia.*
>
> **"**

Jesucristo es la solución para el pecado, pero ¿cuál es la solución para el peso?, ¿qué representa el peso?, ¿cómo me despojo del peso?, la respuesta a esta pregunta es: a través del conocimiento de la verdad que nos hace libres para soltar ese peso.

Hay que hacer una profunda reflexión y análisis para determinar que es "peso" en mi relación, y trabajar esforzadamente para quitarlo, pues fue creado por nosotros mismos. El eliminar todo ese "peso" nos permitirá avanzar más rápido, llevar una mejor relación para lograr metas como equipo, y seguro seremos más felices. La gente feliz tiene mejor salud y dura más, como lo señala la Palabra en el libro de los Proverbios 15:13.

> **"**
>
> *El corazón alegre se refleja en el rostro, el corazón dolido deprime el espíritu*
>
> **"**

Muchas parejas viven un conflicto permanente, defendiendo sus puntos de vista en vez de esforzarse por entender el pensamiento del cónyuge, esta "guerra interminable", desgasta, deteriora, desvía y detiene a la empresa llamada "matrimonio", llevándola a la desintegración y finalmente a la destrucción.

Es necesario aprender a "pelear limpiamente", aprender a defender nuestros puntos de vista sin que ofenda, agreda o maltrate al cónyuge, es decir enfocándonos en el problema, situación o conducta, y no en la persona, si atacamos a la persona y no al problema terminaremos teniendo una "pelea sucia" y el cónyuge sintiéndose amenazado terminará por defenderse y se cae en un ciclo interminable de discusión sin ningún avance significativo.

Para lograr la funcionalidad debemos erradicar la rivalidad y competencia conyugal, sustituirla por una "mentalidad de equipo" que no compitan, sino que compartan y luchen por los mismos objetivos.

El arte de comunicarse en la relación de pareja es fundamental y es la clave de un matrimonio funcional, como arte debe practicarse diariamente hasta convertirnos en "verdaderos artistas", es trabajar en palabras, ideas y significados constantemente, donde los cónyuges tienen el primer reto de construir su "abecedario", luego su "diccionario" y finalmente un "manual de procedimientos" para poder disfrutar de su libro de rácords de metas y logros compartidos.

Las parejas que tienen sueños y trabajan en función de ellos son proactivas, son "futuristas", las que se enfocan en los problemas y heridas son más bien "fatalistas", están atadas al pasado y no logran liberarse. Te invito a soltar el pasado y liberar a tu pareja para poder enfocar toda la energía, fuerza y entusiasmo, y ver lo mejor que te depara el futuro.

Las parejas funcionales no sólo escriben su historia de logros, sino que dejan un legado a otras generaciones, levantan una generación sana y luchadora tal como lo fueron ellos, una generación que tenga principios y valores de Dios, pero eso requiere que el matrimonio trabaje junto, compartiendo los mismos ideales y luchando por los mismos sueños, para tener una mentalidad de equipo el hombre debe poner a su esposa a favor, es decir que ambos luchen por un mismo proyecto compartido y que se sientan co-responsables para lograrlo juntos.

Las parejas funcionales no solo lanzan hijos seguros de sí mismos, equipados con valores y principios sino con sueños y con ganas de luchar por ellos, mientras que las parejas que tuvieron una mala relación en su convivencia familiar lanzan hijos inseguros, tristes, abandonados, frustrados, sin fuerza emocional ni proyecto de vida.

Por eso tu esfuerzo conyugal repercutirá en las nuevas generaciones. Todo el esfuerzo que dediques para cultivar tu jardín conyugal te lo agradecerán las nuevas generaciones comenzando con tus hijos.

Es importante no dejar que el sueño de matrimonio se extinga en las nuevas generaciones, luchemos por tener un matrimonio mejor y hacer realidad ese sueño de amor que está en nuestros corazones, enseñando y modelando el diseño de Dios en nuestras vidas.

El camino de la restauración se inicia con el conocimiento, pero debe transitarse con la obediencia a la práctica de principios e instrucciones todos los días.

Si una pareja dice conocer a Dios y se divorcia, es porque alguno de los dos, o los dos son desobedientes a los principios matrimoniales establecido por de Dios en su Palabra.

Debemos descartar el egoísmo y el orgullo para dar paso a la humildad y generosidad en nuestro matrimonio, solo con la obediencia traeremos la bendición de la restauración y podremos modelar a la sociedad el diseño matrimonial y demostrar que si funciona y que Dios no se equivocó al establecerla como el núcleo vital de la familia.

Los cónyuges deben comprometerse a crecer de forma individual y ayudar al crecimiento de la relación. Como lo señala el Dr. Cloud:

—————————————— **66** ——————————————

Cuando una persona se vuelve compasiva, puede mostrar compasión hacia su cónyuge. Cuando se vuelve honesta, puede dar y recibir la verdad en el matrimonio. Cuando tiene esperanzas de cambiar, puede darle esas esperanzas a otro. Cuando ha experimentado que está bien ser real e imperfecto, puede aceptar la realidad y la imperfección en la otra persona. Cuando puede ver lo profundo de su alma, puede hacer que a la otra persona le resulte seguro y confiable lo profundo de su alma también.

—————————————— **99** ——————————————

Se debe procurar ese crecimiento personal y conyugal para apreciar el hermoso viaje de la vida matrimonial de la mano de su Creador y cumplir el propósito por el cual Dios los unió. Y así el matrimonio dejara de ser una especie en PELIGRO DE EXTINCION.

Capítulo 4

¡ENVIANDO HIJOS A LA VIDA!
las saetas del valiente

*Como flechas en las manos del
guerrero son los hijos habidos en
la juventud.*

Salmo 127:4 (NVI)

Uno de los sueños más anhelados para los seres humanos es tener un hijo, desde que se es niño se juega a ser papá y mama, en el juego se proyectan los sueños y el deseo de disfrutar de esa experiencia tan maravillosa de tener un hijo en los brazos, poder expresar el amor y cuidado a esos seres especiales que nos cambian la vida a su llegada.

Una de las capacidades más impresionantes del ser humano es la capacidad de reproducirse, esta reproducción no es fisiológica solamente, es la capacidad de reproducir los sueños, valores y principios, es por eso la importancia de conocer el arte de ser padres antes de la reproducción, de lo contrario lo que se reproducirá será una copia defectuosa de nosotros mismos.

No es lo mismo tener un hijo que ser padre, el tenerlos es simplemente cumplir con la función reproductora mientras que, ser padre es ir más allá es cruzar la línea generacional y trascender. De allí la importancia de formar a los formadores, de educar a los educadores, de darles diseño a los fabricantes, para que logren elaborar y fabricar un producto "humano de calidad" con valores y principios que sea de bendición a la humanidad.

Lo más importante del criar hijos es saber que no son de nosotros, sino de la vida, hay que formarlos para que se vayan, no para que se queden, cuando pensamos que nuestros hijos sólo son "nuestros" nos equivocamos, los hijos son de la vida no nos pertenecen, fueron "prestados" por un tiempo para equiparlos para la vida, cuando nos hacemos dueños de ellos, esa concepción de la paternidad puede generar frustración, dolor y hasta decepción.

Existe un dicho popular que dice "Los hijos nacen sin manual", y lo peor es que los padres lo repiten con mucha frecuencia, pareciera que así es, pero nos equivocamos al pensar que no hay manual, EL Creador y diseñador de la familia dejó INSTRUCCIONES precisas y claras para la educación y formación de los hijos. Como lo establece, Deuteronomio 6:5-8.

> *Amarás al Señor tu Dios con todo tu corazón, con toda tu alma y con toda tu fuerza.*
> *Y estas palabras que yo te mando hoy, estarán sobre tu corazón;*
> *Y diligentemente las enseñarás a tus hijos, y hablarás de ellas cuando te sientes en tu casa*
> *y cuando andes por el camino, cuando te acuestes y cuando te levantes. Y las atarás como*
> *una señal a tu mano, y serán por insignias[a] entre tus ojos.*

Este pasaje plantea la responsabilidad de enseñar la Palabra de Dios a los hijos, todos los días.

La ignorancia de estas instrucciones permite que cometamos muchos errores en la crianza de los hijos, para posteriormente lamentarnos por los resultados obtenidos a lo largo de los años, allí es cuando nos damos cuenta de que debimos estar mejor preparados emocional e intelectualmente.

Se necesita con urgencia adquirir conocimiento de los principios de Dios, para criar a nuestros hijos, hoy más que nunca debemos asumir la responsabilidad y entender la dimensión de esta gran tarea: indelegable, ineludible e insustituible.

El Padre creador estableció los principios y valores, para lograr una paternidad efectiva, esta labor no es fácil y requiere de entereza, dedicación, esfuerzo y sobre todo "preparación" esto significa tener un "pre" antes de la acción, algunos padres no se preparan, simplemente les sorprende la paternidad y hacen lo mejor que pueden con lo que tienen, pero que diferente sería tener un "pre" de conocimientos, orientaciones y consejos que puedan facilitar esa profesión que se ejercerá toda la vida.

Importancia de educar para la vida.

Hemos escuchado que el hogar es la primera escuela de la vida y aún más allá es la verdadera escuela de valores. Deberían prepararse primero esos maestros que son los padres, para que puedan realizar el trabajo de manera no sólo afectiva, sino efectiva.

Para lograr esta misión con éxito, se debe asumir un compromiso de crecimiento sostenido y permanente, para no repetir los hábitos improductivos, que marcaron nuestras vidas, recuerdos dolorosos, ausencia de figura de autoridad, carencias afectivas, que marcaron la niñez y determinaron los patrones de conducta negativos que se muestran como adultos. En esos aspectos negativos de la infancia, no podemos ser hijos del pasado, sino padres de nuestro futuro.

Ser un Padre libre y sano, sólo se puede lograr cuando sanamos y liberamos a ese niño interior y aprendemos a soltar los maltratos, abandonos y carencia de la infancia que vivimos, para poder abrazar el presente que nos exige una demanda de madurez y libertad emocional. Pero sólo en los brazos de un verdadero PADRE como lo es el CELESTIAL somos sanados y liberados del pasado, entendiendo y experimentando la PATERNIDAD DE DIOS. Para ser el padre que nuestros hijos sueñan, debemos ser el padre que siempre soñamos.

Para hacer realidad ese sueño de paternidad natural hay que ser valientes y, hoy más que nunca los padres deben ser esforzados para realizar la tarea de formación en los hijos. Como se muestra en el Salmo 127:4

Como saetas en mano del valiente, Así son los hijos habidos en la juventud.

Los padres deben montar la flecha en el arco, tensar el arco para finalmente lanzarla, eso se logra, apuntando hacia un destino, es decir que lo primero que debe hacer el padre, es marcarle un destino a su hijo que sirva de objetivo, que le trace la ruta de vuelo en la vida.

Los progenitores son los valientes que como arqueros lanzan a la sociedad esos hijos formados y bien educados, que representan las flechas que atravesaran las generaciones.

Para poder lanzar los hijos a la vida, primero debemos colocar "**la flecha en el arco**", significa el establecimiento y formación de: normas, límites y hábitos productivos en ellos, con una disciplina formativa constante y firme a través de una agenda de actividades diarias, que permitan la formación del carácter, y que le brinde la posibilidad de desarrollar habilidades para la vida.

Esto requiere una formación previa de los padres y una orientación constante, los padres deben hacerse responsables de aprender nuevas herramientas y estrategias que les ayude a "montar la flecha en el arco", los hijos no deben crecer sin rumbo, sin control ni seguimiento, ya que ser padre es acompañar a esa flecha o saeta por un periodo de tiempo que será de entrenamiento para la vida.

Luego **"tensar el arco"**, es también tensar la saeta, muchos hijos necesitan ser "tensados", es decir corregidos. En el hogar debe existir un sistema disciplinario donde se debe fomentar el respeto a la autoridad y puedan establecerse sanciones cuando se violen las normas de convivencia, que le permita al hijo entender que está bajo autoridad moral y espiritual de sus padres.

Finalmente **"lanzar la saeta"**, es soltar a los hijos a la vida, es aprender a vivir sin ellos, muchos padres no aceptan esta dura realidad de soltarlos y se aferran desesperadamente a ellos, no permiten que sus hijos "se vayan", castrando así el potencial de desarrollar sus sueños y robándole la posibilidad de experimentar logros.

Para todas esas etapas de la paternidad se requiere, estar presente y ser un acompañante activo en todos los procesos que viven los hijos, lamentablemente muchos padres han abandonado esta responsabilidad por diferentes motivos o causas, sólo se han preocupado de ser el "proveedor" y han dejado que padres "sustitutos" sean quienes acompañen a sus hijos, en el área emocional y espiritual.

Se ha perdido la valoración del poder paterno como lo señala Simmons donde cita al Dr. Henry Biller.

> *"El peligro principal de la paternidad en el presente radica en el hecho de que los padres no se sienten con el poder paterno que han tenido en el pasado. Debido a las innumerables presiones de la sociedad, el padre ha perdido la confianza que viene por el convencimiento de que él es por naturaleza importante para sus hijos: que tiene el poder que le permite influir en ellos, guiarlos y ayudarlos a crecer. No está seguro de que la paternidad forma parte fundamental de la masculinidad y que constituye el interés auténtico de su vida".*

Los padres han perdido fuerza y muchos están desanimados, sin motivación para enseñar, y corregir con firmeza, han dejado que el niño crezca sólo y sin corrección ni disciplina, solo en diversión y entretenimiento.

Nos encontramos con unas interrogantes en las familias actuales, ¿quién cría a los hijos?, ¿solamente ser proveedor, es suficiente para ser padres responsables?. Existe una pelea de pesos pesados en estos días, la Paternidad responsable vs. Padres sustitutos.

Con las múltiples ocupaciones que un padre tiene en la actualidad, muchas veces deja a un lado el tiempo que debe ser dedicado para educar en valores morales y espirituales, concentrándose en la provisión material para sus hijos, dejando que "otros sean los maestros en el área moral y espiritual".

Los medios de comunicación, recreación y la tecnología moderna: Como la televisión, los videos juegos, equipos de alta tecnología, el celular inteligente y muchos más, están ocupando el lugar de los padres y se están estableciendo como PADRES SUSTITUTOS

Permitiendo que sean esos PADRES SUSTITUTOS los que: diviertan, entretengan y finalmente formen al niño, marcando su personalidad y determinando su estilo de vida. Esta advertencia está planteada en la Palabra de Dios, Como dice: 2 Timoteo 3:1-5.

—————————— 66 ——————————

También debes saber esto: que en los postreros días vendrán tiempos peligrosos. Porque habrá hombres amadores de sí mismos, avaros, vanagloriosos, soberbios, blasfemos, desobedientes a los padres, ingratos, impíos, sin afecto natural, implacables, calumniadores, intemperantes, crueles, aborrecedores de lo bueno, traidores, impetuosos, infatuados, amadores de los deleites más que de Dios, que tendrán apariencia de piedad, pero negarán la eficacia de ella; a éstos evita.

—————————— 99 ——————————

Nos da un perfil de la nueva generación de hombres y mujeres de los tiempos finales, pero llama poderosamente la atención que menciona hijos sin afecto natural, rebeldes, que no obedecen a sus Padres, pareciera que esta generación esta desvinculada afectivamente de los padres, hijos que no le duele el sufrimiento de sus padres. Sólo piensan en ellos mismos, una generación egoísta, y lo más lamentable es que fue fabricada en casa por sus propios padres.

Ante esta realidad se debe reflexionar y hacer un alto en las múltiples tareas de la vida, proyectos, sueños personales, profesión y ocupación, colocarlos en una balanza y tomar mejores decisiones, para dedicar tiempo y esfuerzo en esa fábrica de seres humanos que tenemos en casa "LOS HIJOS".

Se debe revisar la agenda de actividades diarias de los hijos, para establecer prioridades, definir un "proyecto de vida" que marque un destino, en donde tengan las posibilidades de desarrollar habilidades personales, para ello analicemos: ¿están recibiendo educación en valores y principios? o simplemente es un hijo que se "divierte y la pasa bien", con todas las comodidades que un padre sacrificado puede ofrecerle.

Es importante resaltar que la autoridad de los padres cada vez es minimizada y menospreciada en muchos hogares, porque ellos han perdido ese derecho de corregir, establecer normas y sanciones por el mismo hecho de no poder estar presentes en el hogar por otros compromisos, han invalidado su autoridad cayendo el hogar en una anarquía, donde hay carencia de orden de mando y autoridad definida.

No sólo hay que ser un PADRE **"VALIENTE"**, como lo plantea el Salmo 127:4. Sino también **"VIGILANTE"** como se señala en las escrituras, en Lucas 12:39.

———————————————— **"** ————————————————

Pero sabed esto, que si supiese el padre de familia a qué hora el ladrón había de venir, velaría ciertamente, y no dejaría minar su casa.

———————————————— **"** ————————————————

Este pasaje nos refiere dos palabras claves "PADRE VIGILANTE" y "LADRON QUE MINA LA CASA".

Que significa ser vigilante, es mantener la visión abierta, es la capacidad de ver el peligro antes que llegue, pero lo más grave del asunto es que muchos padres han cerrado los ojos y han invitado al "LADRON" para que sea parte de la familia, los hogares están siendo minados por el ladrón y los padres no están conscientes del daño que les hace a los hijos, ese ladrón: primero los atrae, seduce y finalmente los pervierte a través de los medios tecnológicos de comunicación y recreación sin supervisión.

Cuando la tecnología no se usa para la consecución de un proyecto y el desarrollo de habilidades para la vida, se convierte en un "ladrón", que roba el tiempo, que es la moneda más importante que un ser humano tiene y con lo que puede comprar todo en la vida, también este "ladrón" los distrae y los entretiene, robándoles las oportunidades que tienen para prepararse.

Como padres es necesario tener una vigilancia activa y permanente, evitando que la casa se mine de contravalores como son: la violencia, la pornografía, los deseos lujuriosos de la carne, los desórdenes de conductas, entre otros. Son los padres los principales responsables de impedir que estos contravalores se establezcan en el hogar.

A continuación, se describen algunas estrategias para lograr una vigilancia efectiva para minimizar y controlar el impacto del uso y abuso de la tecnología en los hogares.

RACIONAR Y CONTROLAR:

Cabe resaltar que a los hijos se les debe establecer horarios racionados para el uso de la tecnología en el hogar tanto a nivel de: uso de la computadora, televisor, juegos electrónicos y celulares personales, ya que si estos no se controlan, se corre el riesgo de que los niños y adolescentes caigan en "adicciones tecnológicas" y se rompa la convivencia familiar que se manifiesta en la manera como compartimos y nos comunicamos en el hogar, lo más grave es que su interacciones comunicacionales son virtuales con personas que no conocen, y sin embargo comparten más con ellas, que con las de su hogar, permitiendo que se aíslen de su entorno familiar y cada vez estén más distante.

Es importante racionar las horas de influencia de los "padres sustitutos", coloque horarios y verifique su cumplimiento, por ejemplo: Que usen la computadora en un lugar público de la casa, ver televisión después de hacer las tareas, el uso de los videos juegos sólo los fines de semana, son ideas para racionar, minimizar impacto y alejar a los hijos de la ciber adicción.

CUIDADO CON LOS ASESINOS DE SUEÑOS

En nuestra función de protección a los hijos debemos cuidarlos de los asesinos de sueños. Como lo señala Luce:

——————————————— **66** ———————————————

Debemos ser cuidadosos con lo que invitamos a nuestra sala a nombre del entretenimiento, si usted deja que entren las cosas equivocadas seducirán a sus hijos, le impartirán valores equivocados y al hacerlo, inyectaran un veneno a la visión del mundo que tienen sus hijos y que pueden acompañarle por el resto de sus vidas. Si podemos percibir los peligros de la cultura depravada que nos rodea por todas partes, de seguro que somos lo suficientemente inteligentes como para no invitar a un terrorista a nuestra sala".

—————————————— 99 ——————————————

Esto nos indica la necesidad de filtrar con mucho cuidado los elementos de maldad que pueden seducir y robar el corazón de nuestros hijos, es por ello que la misión más importante es llegar nosotros primero a sus corazones y conquistarlos.

EVALUAR:

Cada oportunidad de compartir con los hijos es una oportunidad de enseñar y analizar los aspectos tanto buenos, como los malos de la vida, proveyéndole valores y principios que le ayuden a crecer como persona, el impartirles conocimiento que será la base para sus futuras tomas de decisiones, debemos revisar los contenidos de valores y contravalores en cada video, película, juego, canción, entre otros, esto nos brinda una gran oportunidad de análisis y de aprendizaje para que ellos midan las consecuencias.

Evalué con tiempo, los programas que ven, las amistades con la que ellos comparten, cuando vean una película en familia analice el mensaje y los personajes, eso es parte del entrenamiento que un padre le da a su hijo.

Evalúe las conductas e ideologías de los personajes, analice el mensaje, las decisiones tomadas, cuestione las conductas guiadas por contra valores, y refuerce los valores, los logros y conductas dignas de imitar.

SEGUIMIENTO:

Los jóvenes necesitan seguimiento en todas las actividades que realizan, no abandone a sus hijos, hágale preguntas específicas no generales, por ejemplo: ¿Cómo saliste en el examen? ¿Hiciste el trabajo? ¡¡Vamos revise trabajo!!.

Estas son estrategias que refuerzan la formación y hábitos de estudios, las cuales son clave para el logro del proyecto de vida profesional. Los niños no deben estar ociosos, un niño ocioso es un niño peligroso. Construya una agenda diaria de actividades y hágale seguimiento, eso formará el carácter disciplinado de su hijo.

Las estrategias de un padre vigilante son muy importantes porque ayudan a mantener una convivencia sana con los hijos, si deseamos traspasar y bendecir a la siguiente generación debemos enseñarles principios espirituales que consoliden el carácter del hijo y le den garantía de éxitos en todos los proyectos que emprendan incluyendo sus futuras familia.

Para marcar a los hijos que vamos a lanzar a la vida, es necesario crecer como padres para realizar un trabajo emocional en la vida de ellos, hay que esforzarse en darle un depósito que los haga personas con valores.

DISEÑAR UN PROYECTO EDUCATIVO:

Dentro de ese proyecto educativo que los padres deben desarrollar está el enseñarles a honrar, en la actualidad muchos jóvenes no entienden, ni viven el concepto de la honra porque los progenitores se han descuidado, no han tenido interés, tiempo, ni disposición para formarlos en ese principio, honra incluye respeto, consideración y afecto. Hoy día más bien son los padres que están honrando a sus hijos, produciendo hijos discapacitados emocionalmente sin proyecto de vida, ni deseo al logro.

Es necesario invertir en nuestros hijos cuando están pequeños, como lo señala Luce:

——————————————— **"** ———————————————

"Es innegable que como padre usted tendrá que sacrificar algo, usted puede escoger sacrificar por adelantado: tiempo, sueño, profesión, pasatiempos, entre otros, mientras sus hijos son pequeños. Pero le garantizo que cosechará alegría y satisfacción a medida que ellos crecen. Usted ganará una vida

*al conocerlos íntimamente y el privilegio de ayudarlos a convertirse en
adultos maduros, productivos y piadosos".*

—————————————— 99 ——————————————

Sus hijos lo llenarán de satisfacciones, ya que ellos no siempre serán pequeños, crecerán con esos valores y principios que se les enseñó. Ellos serán adultos por mucho más tiempo de lo que fueron cuando niños, así que vale el esfuerzo en equiparlos bien para la vida, con una educación en principios morales y espirituales.

Educar en el principio de honra: se inicia cuando el padre no pierde su posición de autoridad, ni influencia, es enseñar a acatar las directrices, las instrucciones, los consejos que un hijo debe y necesita recibir. Todo este proceso se fundamenta con el respeto, que debe recibir el niño en su etapa inicial de aprendizaje.

No se trata de educar con maltratos, pero tampoco con indulgencia, se requiere firmeza de carácter en el padre para poder realizar el proyecto educativo con éxito. No es maltratar, pero tampoco consentir es educar, enseñándoles a conocer los límites y normas de convivencia establecidas en el hogar.

Muchos padres pasan del extremo de la indulgencia al extremo de la violencia para corregir con fuerza y a la fuerza, sin lograr los objetivos de formar hijos para la vida, que los haga independientes y que puedan volar con sus propias alas.

Los hijos maltratados: tienen las alas rotas con defectos de fábrica, no son capaces de tener un vuelo de éxitos, ni logros, por otro lado, están los hijos consentidos, quizás tengan alas, pero sin la fuerza de emprender el vuelo.

De allí la importancia de la paternidad responsable que vaya más allá de una provisión de seguridad, cobijo y alimento. Hay que nutrirlos de sueños y proyectos, para que nazca en ellos ese deseo de volar alto.

Un padre marca la ruta de vuelo y entrega una brújula para que no se extravíen en el camino. No sólo es suficiente formarlos en valores, principios morales y espirituales sino desarrollarles en habilidades para la vida que sean capaces de soñar y tengan la valentía de luchar por esos sueños y hacerlos realidad.

60 |

La familia que siempre soñé

Un padre marca la ruta de vuelo y entrega una brújula para que no se extravíen en el camino. No sólo es suficiente formarlos en valores, principios morales y espirituales sino desarrollarles en habilidades para la vida que sean capaces de soñar y tengan la valentía de luchar por esos sueños y hacerlos realidad.

Capítulo 5

DIVORCIO Y NUEVA FAMILIA
«Familias ensambladas o reconstruidas»

No hay familia perfecta. Todas discutimos y peleamos. En ocasiones incluso dejamos de hablarnos, pero al final, la familia es la familia y el amor siempre estará ahí.

Anónimo

Todos los seres humanos deseamos la felicidad, queremos bienestar y disfrutar de la paz y la alegría de un hogar. Las personas se casan con el sueño de ser felices, pero no basta la buena intensión se requiere preparación para enfrentar las diferentes etapas propias del proceso de vida matrimonial.

Todo profesional debe prepararse primero para convertirse en un experto en la materia que desea desarrollar, para ello se requiere el estudio sistemático, y progresivo de un sinnúmero de temas básicos, medios y complejos que lo convertirán en ese científico de amplio conocimiento.

¿Dónde se aprende para vivir en matrimonio?, ¿Quién enseña a manejar diferencias y situaciones difíciles?, ¿Cuáles son las reglas que debemos seguir al manejar un conflicto?, creo firmemente que las parejas se separan no por los problemas que viven sino por NO SABERLOS manejar, dando lugar a la separación y finalmente al divorcio.

Muchas parejas practican de una manera constante las peleas sucias, donde se ataca la persona y no al problema o la conducta, descalificando, humillando y agrediendo al cónyuge, dando lugar a la resignación o al resentimiento, provocando el divorcio emocional o afectivo y seguidamente el divorcio sexual, donde la pareja no siente deseo de compartir la intimidad sexual por sentirse desmotivada e insatisfecha sentimentalmente, para que finalmente se manifieste el divorcio físico y el legal.

Nadie se divorcia de un día para otro, todo es un proceso de deterioro y desgaste en la relación de convivencia conyugal. En la mayoría de los casos es por falta de preparación, orientación y por supuesto falta de madurez la cual se requiere para enfrentar las demandas y exigencias que tiene una de las relaciones más complejas de los seres humanos "EL MATRIMONIO".

Muchas veces no se está preparado para casarse y mucho menos para divorciarse, eso es lo complejo del asunto conyugal.

Porque ¿quién de vosotros, queriendo edificar una torre, no se sienta primero y calcula los gastos, a ver si tiene lo que necesita para acabarla? Lucas 14:28.

¿Cuál es el costo de un divorcio?

El rompimiento de muchos matrimonios genera dolores emocionales y frustraciones en aquellos que lo experimentan, ya que para llegar a esa decisión primero viven etapas de discusiones y conflictos que afectan a todo el entorno familiar, influyendo directamente en los hijos.

¿Por qué es más fácil divorciarse que mantenerse casado?, para muchas personas es más fácil tomar la decisión de abandonar que trabajar en la superación del conflicto ya que se requiere de mucho más esfuerzo.

Si al abordar el conflicto conyugal, éste crece y se descontrola la situación, realmente el conflicto no es el problema, sino la manera de abordarlo.

Las parejas se hacen la pregunta ¿Cómo fue que esto se enredó tanto?, quizás no fueron trabajando situación por situación y dejaron que se acumulara basura emocional terminando por ser tóxica y finalmente envenenando ésta la relación, dejando una serie de conflictos no resueltos que traen como consecuencia el rompimiento de la convivencia familiar.

Muchas personas no reciben la clave para desenredar el nudo y así no tener que cortar el hilo, pero lastimosamente terminan por cortarlo, dejando situaciones por resolver y frustraciones las cuales deben trabajarse con la ayuda del conocimiento de los principios espirituales de Dios quedan como conductas que podrían repetirse en las próximas relaciones conyugales.

La mayoría de las personas que se divorcian desean iniciar una nueva relación, ya que fuimos diseñados para formar familias, si no se trabajaron las causas del divorcio anterior y no se sanan las heridas causadas por ese proceso podría ser muy difícil iniciar una nueva familia.

Se debe llevar una adecuada comunicación con la expareja, por causa de los hijos si existiera el caso, por este motivo nunca se divorcian totalmente, siempre estarán conectados a través de ellos.

Cuando se ha experimentado el divorcio y se inicia una nueva relación, se hace indispensable crecer en las áreas de: comunicación, seguimiento y manejo de conflictos y por otro lado se debe aprender a cerrar ciclos del pasado, igualmente adquirir herramientas para el manejo de una comunicación abierta y asertiva en la nueva convivencia familiar y así evitar traer los fantasmas del pasado.

La nueva relación de familia la denominaremos "familias ensambladas o reconstituidas", esta nueva relación que tiene múltiples conexiones donde entran nuevos personajes como son los hijastros, que podrían complicar la convivencia familiar, formándose una relación compleja con: "tus hijos", "mis hijos" y "nuestros hijos".

En esta nueva "familia ensamblada", la relación de pareja pasa a ocupar papeles muy complicados y delicados a manejar, como son los papeles de "PADRASTROS", que en muchos casos son llamados ¡Los malos de la película!, ellos deben tener una preparación previa que los ayude a desarrollar una buena convivencia intrafamiliar con los hijastros.

En muchos casos los hijastros se sienten abandonados, rechazados, y presentan inestabilidad emocional y resistencia a la nueva autoridad que representa "el nuevo padre o madre", lo que hace urgente manejar principios para abordar la convivencia de la nueva relación con los hijastros y evitar los conflictos propios del ensamblaje. Dios siempre da nuevas oportunidades y hay que aprovecharlas. Debemos hacer real el Salmo 133:1.

————————— **"** —————————

¡Mirad cuán bueno y cuán delicioso es habitar los hermanos
juntos en armonía!.

————————— **"** —————————

Principios para cerrar antiguas relaciones e iniciar una nueva relación familiar sana

• **Aplicar el Perdón:** Para sanar heridas ocasionadas de antiguas relaciones y poder iniciar una nueva relación sin las sombras del pasado, el verdadero perdón es recordar sin dolor.

• **Soltar el pasado:** Es dejar de estar hablando de las experiencias vividas, ya que eso puede ocasionar malestar tanto personal como conyugal y puede afectar a los hijos que son víctimas inocentes de ese pasado.

• **Asumir responsabilidad:** Es aportar lo mejor de sí, para que la nueva relación funcione, en una convivencia sana, y aceptar el pasado de cada uno de los cónyuges, con sus errores y desaciertos, para evitar la frustración.

• **Los Acuerdos:** Es invertir la cantidad de tiempo y esfuerzo necesario para la negociación y lograr la unidad en las decisiones, normas, sanciones y proyectos que se establezcan para poder caminar en función de ellos.

Principios para los padrastros y madrastras (Los malos de la película)

Estos principios funcionan para que los malos de la película familiar no resulten ser tan malos y más bien se conviertan en una bendición en la crianza de los hijastros, es decir que haya crecimiento, madurez emocional y espiritual, se deben considerar una serie de responsabilidades que el padrastro o la madrasta deben cumplir, con el fin de mantener una convivencia sana.

• Hay que diseñar un puente de comunicación, para que fluya la relación con los hijastros.

• Desarrolle paciencia para la corrección con su hijastro, esto requiere tiempo para conocer y desear que la relación funcione.

• Evite la competencia con el hijastro, son sentimientos distintos a los del cónyuge.

• Aprenda a administrar e invierta tiempo en compartir y conocerse, es uno de los caminos para llegar a amarse.

• Evite los desacuerdos con los padres biológicos de los hijastros, negocie todo lo que pueda, asuma un nivel de madurez y evite confrontaciones innecesarias que desgastan y contaminan la nueva relación de pareja.

• No se queje del hijastro, aprenda a corregir limpiamente, evite estar dando reportes negativos constantemente eso creará resistencia en el cónyuge, dañando la relación.

• Si tiene hijos propios evite la comparación con el hijastro, puesto que eso bloquea la posibilidad de construir puentes y los coloca a la defensiva.

• No coloques a tu pareja a elegir entre el hijastro y tú, es una situación incómoda y una decisión complicada para el cónyuge.

• Diseñen un proyecto que motive y desarrolle habilidades para la vida, orientado a sus hijos, como a los hijastros, es la manera de ocupar la mente y evitar la ociosidad.

• Madure emocionalmente, sea un modelo a seguir y no repita constantemente que no eres su progenitor biológico.

• Hay que respetar su individualidad, muestre afecto, enseñe al hijo e hijastro a acatar las nuevas normas de convivencia familiar.

• Prepare emocional y físicamente al hijo e hijastro para la nueva etapa y estilo de vida que iniciará.

Ninguna convivencia familiar es fácil, pero la podemos hacer grata y placentera si nos comunicamos adecuadamente y aprendemos a desarrollar el vínculo del amor, que es el vínculo perfecto para vivir en familia.

Evite las peleas sucias con sus hijastros, que es atacar a la persona en vez de atacar la conducta, más bien desarrolle las peleas limpias que es aquella que ataca la conducta o problema, guardando respeto por la persona.

Tenga en cuenta que la convivencia con los hijastros será por un corto periodo de tiempo, ellos formaran su nueva familia y lo mejor es que usted, pueda quedar con su cónyuge dispuesto a disfrutar la nueva etapa.

Capítulo 6

LA TRISTEZA DEL *nido vacío,* NOS QUEDAMOS SOLOS

La fortaleza de una nación,
deriva de la integridad del hogar.

Confucio

La experiencia de ser padres es la más gratificante que podemos disfrutar en la vida, sin embargo, también podría ser la más dolorosa que experimentemos, ya que nos enamoramos de esos seres tan especiales y únicos llamado "NUESTROS HIJOS", a quienes les hemos dedicado buena parte de nuestra vida, brindándoles, amor, dedicación y entrega, pero los años van pasando y no nos percatamos que ellos crecen, se desarrollan y vuelan del nido.

Muchos padres no aceptan la idea de que a los hijos les nacen alas y deben volar su propio vuelo. Es como no querer ni aceptar que ellos algún día pueden vivir lejos de nosotros y sin nosotros, nos hacemos tan imprescindibles para ellos que parece que viviéramos la misma vida, pero no es así. "Hay que aceptar la separación de nuestros hijos" y permitir que vivan sus vidas.

Pensamos que no podemos vivir sin ellos, y ellos sin nosotros. "NOS EQUIVOCAMOS", los hijos son un "regalo prestado". Debemos criar hijos para que se desarrollen, usen sus alas y realicen vuelos extraordinarios en sus vidas.

Lo peligroso para los padres es hacer de los hijos el centro de sus vidas, y al no tener más sueños que ser padres, pueden llegar a sentirse abandonados y hasta traicionados, cuando los hijos crecen y empiezan a ejercer su independencia, es decir a volar con sus propias alas y luchar por realizar sus sueños.

De allí la importancia de prepararse para la siguiente etapa de vida para cuando "el nido este vacío", no sea causa de tristeza y frustración, sino una oportunidad de realizar todos aquellos sueños que engavetamos, por dar paso a la crianza de los hijos, que, dicho de paso, demandan mucho tiempo, energía y recursos financieros.

Debemos crecer nosotros primero como padres para ayudar a crecer a nuestros hijos y no cortarles las alas, ni mutilando, ni castrarles toda posibilidad de lograr su independencia emocional, física y financiera que debería experimentar cada ser humano.

Hay que criar hijos para que se vayan y estar felices que los hayamos ayudado para que sus alas nacieran y crecieran, no solamente eso, sino que también les trazamos una ruta de vuelo y les dimos técnicas para que no repitieran los mismos errores que nosotros cometimos, más bien, que nuestros logros sean su punto de partida.

Nosotros debemos aprender a vivir con el nido vacío y poder servirles de consejeros y apoyo en ese proceso de vuelo llamada independencia, y también en la formación de sus propias familias.

En este nuevo ciclo de vida debemos enfocarnos en nosotros y reencontrarnos con aquellos sueños que tuvimos que engavetar por la premura de atender a los hijos en sus diferentes etapas.

Aprovechar al máximo ese "nido vacío", donde reina el silencio y la quietud, esas horas que la naturaleza nos da de regalía, hay que capitalizarlas y disfrutarlas hasta agotarlas.

Dejar a un lado la melancolía, los recuerdos tristes de ese pasado alegre cuando los niños estaban en casa: todos reían, peleaban y compartían momentos de mucha intensidad familiar, dejar de auto castigarse, ni evaluarse. Si lo hicimos bien o mal, simplemente lo hicimos.

Aprender a disfrutar el sonido del silencio y buscar la paz de esta etapa de la vida y ser agradecidos con Dios que nos permite ver a nuestros hijos manejando sus propias vidas y familias.

La vida continúa y no hay que renunciar a ella, más bien amarla más que nunca y explorar nuevas aventuras y experiencias que nos hagan sentir que estamos vivos y activados en las bendiciones que el Padre Celestial nos da.

Hay que colocar en agenda nuevos aprendizajes, retos y desafíos, nuevos compromisos con nosotros mismos y seguir creciendo para servir a nuestra familia y a la sociedad.

APROVECHAR LA OTRA OPORTUNIDAD

Es posible que el nido este vacío porque no sólo se fueron los hijos, sino la pareja también, y eso da la sensación de tristeza y soledad. Debes nutrirte y alimentarte bien no solo física, sino emocionalmente. Hay que alimentar el corazón y permitir bombear sangre y oxígeno a tus nuevos sueños y metas.

Debes considerar que todavía estas vivo, hay sueños por los cuales debes luchar y aprovechar esta OTRA OPORTUNIDAD QUE TE DA LA VIDA, para comenzar una nueva etapa con más experiencia que antes, ahora sabes el costo de cada hora, minuto y segundo invertido, conoces también el esfuerzo que dediques a algo en la vida, ya posees madurez, sólo hay que activar el deseo de luchar y ser feliz, pero ahora en otro contexto.

Aprender a mirar con el corazón y no con los ojos, borrar de tus labios expresiones negativas y de poco valor, dejar de sentir lástima y compasión contigo mismo, aprender a disfrutar cada mañana el sol, el aire, la conversación, y aún más, el silencio, los abrazos, las miradas, las caricias, las risas y porque no, hasta las carcajadas de nuestras risas.

Para muchos la vejez es símbolo del final de la vida, tristeza del ocaso, de la soledad, la enfermedad, el abandono, debemos cambiar esos conceptos y hacer de la vejez, la etapa de la alegría, de la libertad, de los logros y del disfrute. Si revisamos bien la palabra de Dios nos enseña en
El Salmo 92:14.

"

Aún en la vejez estarán vigorosos y verdes.

"

Para esa etapa tan especial de la vida, Dios nos plantea con vigor y verdor, "viejos vigorosos y verdes", llenos de un consejo, de un sueño, de una palabra nutritiva, con las ganas de vivir, que no contaminen el ambiente con tristezas o mal humor, sino más bien brinden un toque de belleza, de alegría, de sazón, con el conocimiento y la experiencia adquirida en el viaje de la vida.

Que toda esa experiencia se pueda capitalizar, y entregarla a los hijos y nietos como un punto de partida para ellos, y se queden con las ganas de continuar y perfeccionar lo que nosotros iniciamos.

Que la capitalización de nuestra experiencia y el conocimiento adquiridos en el viaje de la vida, nos permita ser mentores y consejeros de la nueva generación de ministros, pastores, escritores, empresarios, padres y esposos.

Hay que aprovechar el nido vacío y volar hacia el cumplimiento pleno de nuestro propósito. La vida es un vuelo y hay que disfrutarlo al máximo.

Capítulo 7

SUEÑOS ROTOS
los sonámbulos de la vida

Un hogar será fuerte cuando esté sostenido por
estas cuatro columnas: padre valiente, madre
prudente, hijo obediente, hermano complaciente.

Confucio

De alguna manera todos deseamos algo en la vida, somos seres de realización, capaces de soñar y luchar por lo que queremos. Sin embargo, lamentablemente no se consigue y es por eso que experimentamos sentido de frustración y decepción cuando los sueños son rotos.

Hay un sinfín de parejas que soñaban con un hermoso matrimonio, sin embargo, experimentan sueños rotos, personas solitarias que alguna vez tuvieron éxitos o vivieron tiempos de felicidad, alegría emocional y sentimental, casados o conviviendo en pareja, ahora son los sonámbulos de la vida, se les fue el sueño de familia y no saben en qué lugar, ni cómo lo extraviaron, o si fue alguien quién los robó.

En otros casos hay padres que viven sueños rotos con sus hijos, ellos soñaron con un porvenir hermoso lleno de satisfacciones y logros, para esos seres tan especiales que conquistaron sus corazones cuando nacieron y en los primeros años de vida y hoy día son los mismos que están partiendo ese corazón en mil pedazos, cuando toman malos caminos y malas decisiones.

No es fácil formar y vivir en familia, no es fácil tener que aceptar la decisión de la separación de un cónyuge o el mal ejercicio de la independencia de los hijos, es parte de la experiencia de ser familia. Que importante es construir familias con un plano que ayude y facilite la calidad de la construcción, no sólo, en el aspecto material, sino emocional y espiritual.

Cuando no se construye con un plano ni un diseño claro, se fabrica una vivienda mal construida, es decir, algo improvisado, existen muchas "familias mal constituidas" que, sin un fundamento claro, no han establecido normas de convivencia, ni definido responsabilidades, ni valores espirituales que le sustente en el tiempo.

Muchas familias frustradas tienen sueños rotos por causa del desconocimiento de los métodos e instrucciones que plantea Dios en su Palabra como manual de vida familiar.

En Ezequiel 43:11, vemos la importancia de enseñar el "Diseño de Dios" porque Dios siempre ha trabajado a través de Diseños, como en el Arca y el Templo, así también estableció un diseño perfecto para la familia, que se debe conocer y aplicar.

De allí la necesidad de instruir a los padres y esposos para cuidar su familia, porque es el tesoro más preciado que tienen aquí en la Tierra. En el libro de Proverbios 24:6 dice:

> *Con ingenio harás la guerra, y en la multitud de consejeros está la victoria.*

Las personas requieren de un maestro o de un mentor que les oriente en la vida y ese papel debería ser desarrollado de padres a hijos, pero muchos padres se quedan sin adquirir destrezas y no cuentan con el conocimiento necesario para ayudar a crecer a sus hijos. Es por eso la importancia de consejeros familiares, pastores que guíen y ayuden a las familias para evitar que colapsen y se desintegren.

La familia es sometida a muchas presiones sociales que pueden sofocarla y desubicarla en su papel y objetivo para la cual fue diseñada. Hay que ayudar a cada miembro a crecer, conseguir su propósito y desarrollar una estrategia en la vida que le permita sobrevivir en esta guerra de inmoralidad y perversión donde la familia está envuelta.

Si no ayudamos a la familia enviando salvavidas ésta se extinguirá y fabricará sonámbulos de la vida, gente sin sueños y caminantes sin rumbo, con corazones vacíos de sentimientos ni afectos.

En la familia se cultivan los afectos, se enseña a amar, perdonar, luchar y perseverar por un sueño. Es la fábrica de seres humanos, por eso es importante sanarla, porque si no sanamos la familia, tendremos una sociedad enferma y contaminada del virus del fracaso, el conformismo y la maldad.

Proveer un salvavidas a alguien que se está ahogando es de valor incalculable, no sólo esa persona te lo agradecerá eternamente, sino sus generaciones, salvar la familia no tiene precio, es salvar a un posible deportista, músico, pintor, maestro, presidente, pastor o ministro de la Palabra de Dios, no podemos medir con exactitud las implicaciones y beneficios de salvar un matrimonio, unos hijos o un padre.

Para no quedarse con esos sueños rotos de familia, se requiere conocer estas estrategias de supervivencia, que a continuación se describen.

ESTRATEGIAS DE SUPERVIVENCIA FAMILIAR

1. Saca la basura

El sacar la basura es un ejercicio de la cotidianidad dentro de un hogar, es parte de la higiene básica de una familia, esto se realiza para que la basura no se descomponga y contamine el hogar. Se necesita hacer conciencia de esta realidad, en nuestros hogares, en nuestros matrimonios y nuestros corazones, hay basura que debe sacarse lo antes posible y con la frecuencia requerida para evitar la contaminación y posibles enfermedades que esto puede generar. Ya que la basura puede volverse tóxica y hasta producir envenenamiento, muchas personas han llegado a esos niveles de envenenamiento porque no se han hecho consciente del nivel de toxicidad de la basura emocional que tienen dentro de sí.

Compra bolsas de basura y úsalas, saca toda la basura que tengas en tu casa, en tu relación de pareja o en tu relación con tus hijos. No permitas que la basura se vuelva tóxica envenenando la convivencia intrafamiliar.

Al hacer el ejercicio de sacar la basura, no debes analizar la basura solo debes sacarla sin hurgar demasiado, porque podría afectarte emocionalmente, al decidir hacer este ejercicio, no tiene sentido preguntarse ¿quién la generó?, ni ¿por qué?, aquí el punto es sacarla y eliminarla lo antes posible.

"Sacar la basura" o desperdicios, significa ser capaces de identificar lo que ya no sirve, que tiende a descomponerse y a contaminar nuestras vidas, hay que botar los desperdicios, muchas personas botan cosas útiles porque creen que ya no las necesitan, las consideran desperdicios, pero otros mantienen cosas inútiles, son acumuladores de basura.

En la manipulación de la basura debemos usar guantes para protegernos de infecciones o bacterias que nos pueden hacer daño, son estrategias claves para manipularla sin consecuencias negativas.

Lo importante es estar consciente de hacer este ejercicio periódicamente para estar libres de infecciones o enfermedades emocionales. La Palabra de Dios nos hace referencia directa a sacar la basura; Como lo señala el libro de Proverbios 4:23

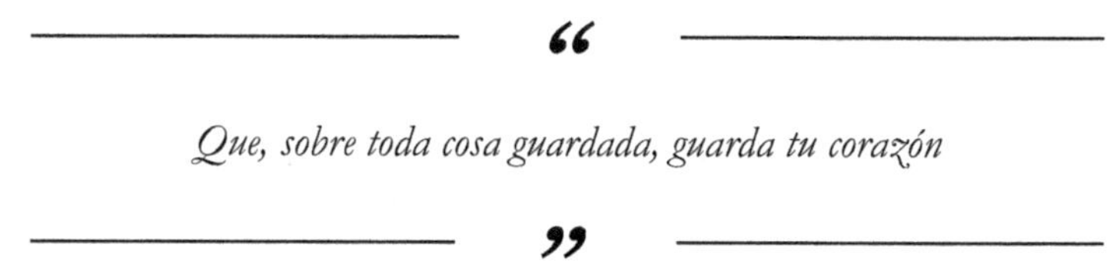

Que, sobre toda cosa guardada, guarda tu corazón

Guarda tu corazón de las basuras que otros te puedan echar, quizás no puedas controlar el nivel de maldad de otras personas, ni el nivel de intensidad, de lo que te hagan, pero sí eres responsable de limpiar y hacer un aseo frecuente en tu casa y en tu corazón.

Quizás estemos conviviendo con una familia que genera mucha basura o desperdicios, lo importante es aprender a manejar situaciones y realizar un mantenimiento frecuente y sistemático en nuestra familia.

2. Maneja tu vida sin retrovisor:

Los automóviles poseen un espejo retrovisor que tiene un valor incalculable al ir hacia atrás o hacia los lados, porque nos permiten ver objetos que no logramos hacerlo desde la ventana.

Manejar la vida es cómo manejar un automóvil, pero en este caso no podemos estar mirando hacia atrás todo el tiempo, porque esto no nos da la oportunidad de avanzar, cuando se plantea "Manejar sin retrovisor", es darte la oportunidad de manejar con optimismo hacia adelante, debemos esperar los mejor y recibiremos lo mejor.

Debemos dejar de anclarnos en el pasado y no pensar demasiado en lo que pasó, sino más bien en lo que vendrá, es apretar el acelerador para el disfrute de la vida, dejar de ver el retrovisor de las cosas malas que nos hicieron.

Muchas familias se encierran en la mala experiencia del pasado y no están listas para aprovechar lo que el futuro puede brindarles. La Palabra de Dios, en el libro de Filipenses 3:13. dice:

"

Olvidando ciertamente lo que queda atrás y extendiéndome hacia lo que está adelante.

"

Manejar sin retrovisor es olvidar lo que queda atrás, es usar las enseñanzas que nos dejó el pasado y "extendernos hacia adelante", es avanzar, es activar la inventiva y la creatividad, es no quedarnos inertes en la vida y en la familia, esperando que algo cambie sin hacer nada distinto hoy, hay que volver a soñar y atrevernos avanzar sin miedos ni restricciones.

Aprende a extenderte como familia, busca ideas creativas y atrévete a iniciar nuevos proyectos, nuevas estrategias, no te conformes a la rutina, ni a la mediocridad.

3. Usa la aguja de Tejer

Cuando era niña mi mamá me enseñó a tejer y me pareció muy divertido, pasaba horas concentrada en hacer un tejido que resultaba en un pañito, era emocionante, hoy día se le da poco valor al tejido a mano, y no es una costumbre que se practica con frecuencia en estos tiempos. De esa experiencia de niña aprendí lo útil que es una aguja de tejer usada correctamente para conectar hilo con hilo. En la vida debemos aprender a conectarnos con personas de manera correcta.

Hoy más que nunca podemos ver hogares desconectados afectivamente, es decir padres que no saben cómo conectarse y tejer relaciones afectivas con sus hijos, por otro lado, vemos hijos sin deseo de conectarse con sus progenitores y no hay vínculos afectivos fuertes dentro de muchas familias. Parecen personas que están en hoteles que van de paso, cada quien, en sus habitaciones, viviendo en un mundo paralelo. Son casas hoteles, que sirven de resguardo para comer y dormir, por eso muchos padres no conocen a sus hijos y viceversa.

Cuando usamos la aguja de tejer aprendemos a tener conexiones solidas en la familia. Cuando se conversa, escucha y comparte, se entretejen relaciones afectivas fuertes.

Lamentablemente no hay tiempo para TEJER RELACIONES, sólo el necesario para conversar, en un dialogo superficial de preguntas y respuestas, en donde se responde al formulario o cuestionario que el padre hace al hijo, o la solicitud que el hijo le plantea al padre y a esto llamamos convivencia familiar.

Hay que concientizar para dejar un tejido completo y bien hecho, es decir conversaciones profundas, un compartir con intensidad y una experiencia de familia que marque a los integrantes de ese núcleo, con una mentalidad de equipo y satisfacción de logros.

Muchas parejas conviven con reservas, no tejen con un diseño sólo comparten un espacio a medias, no lo hacen con pasión y entrega. El verdadero disfrute está en entregarse con pasión y vivir con intensidad.

Anímese y comience hoy mismo a tejer una mejor familia. El salmo 133:3 plantea la hermosura de estar juntos y en armonía, cuando tejemos buenas relaciones familiares, viene la armonía como consecuencia inmediata.

4. Rompa el espejo

Esta estrategia tiene que ver con romper los moldes, no estar mirando ni comparándonos con nadie. Cada familia es única e irrepetible, aunque hayas nacido del mismo papa y mama eres diferente a tus hermanos y así será la familia que formemos.

Dice Génesis 1:27

> *"…Varón y hembra los formo Dios…"*

Es decir, Dios hizo seres distintos, con necesidades, y apariencias distintas.

Como es la mano, así es la familia puedes ver tus dedos y son distintos, para funciones distintas, pero todos trabajan en equipo. Nuestras diferencias no deben separarnos más bien ubicarnos en posiciones diferentes para realizar trabajos distintos, pero con logros comunes.

Cuando se plantea "rompe el espejo", es dejar de estar viendo lo malo, o comparándote con otras personas o familias. Disfruta de la diversidad de tu familia y aprovéchala al máximo.

5. Ría con frecuencia

La risa es la mejor medicina dicen algunos especialistas de la salud y es justamente la que más se suprime dentro del contexto familiar, a veces disfrutamos más con los amigos que con la familia.

Podemos disfrutar más la vida y la familia si usamos el humor, alguien decía que la letra entra con sangre, pero también podría entrar con humor. Pruebas científicas han demostrado que se aprende más con humor que con dolor. La Palabra de Dios dice en Proverbios 15:13

"el corazón alegre hermosea el rostro"

La gente de buen humor se ve más bonita, cae mejor y es más agradable. Creo firmemente que si usáramos más el humor dentro de los hogares tendríamos mejores familias, mejores matrimonios y mejores hijos.

Así que hay que activar el humor en el hogar, además la gente que ríe con frecuencia tiene mejor salud y vive más, así que es hora de reír en familia.

6. Calienta los muebles

¿Qué significa calienten los muebles?, significa que nos sentemos a compartir como familia con mayor frecuencia.

Muchos padres no tienen tiempo de "calentar los muebles", todo es "una carrera y a la carrera", estamos siendo esclavos del reloj, muchas familias tienen al reloj como su verdugo, en vez de usar el tiempo para nuestro beneficio pareciera que el tiempo nos usa a nosotros.

Gente que pasa toda una vida buscando tener una casa mejor con muebles mejores, pero no lo disfrutan sólo se esfuerzan por adquirirlo no por disfrutarlos.

No usan el comedor para comer juntos en familia, parecen muebles de revistas, para fotos de decoración o exhibición, hermosos, pero sin vida. El sentido de un hogar se lo dan las personas que allí habitan.

Las personas valen más que las cosas, la gente más importante del mundo están en tu casa. Hemos materializado la experiencia de ser familia, luchando por "tener y tener" y no por ser.

Algunos piensan disfrutar sus casas cuando se jubilen, y al llegar la jubilación se sienten tristes porque no hay con quien compartirla. La gente es más importante que las cosas.

Debemos compartir en familia todos los bienes materiales que poseemos, ya que el día que tenemos para disfrutar es hoy, mañana no sabemos, y ayer ya pasó. Los hijos crecen rápido, ya no existirán esos niños que juegan, corren, hablan, cantan, gritan y lloran, vivamos intensamente cada minuto con esas personas especiales.

Así que no nos enfoquemos en lo que hemos logrado, sino en disfrutarlo con las personas que tenemos a nuestro lado, esa familia hermosa y maravillosa que Dios nos dio, APRENDAMOS A CALENTAR ESOS MUEBLES.

CRUZANDO EL PUENTE DEL *perdón y sanando el corazón*

Una familia feliz no es sino un paraíso anticipado.

Sir John Browring (1792-1872)
Filósofo y político británico

En la actualidad existen muchas familias disfuncionales, lamentablemente no logran establecer una pauta de funcionamiento que les permita sentirse felices y realizados, pero aún más lamentable es que existen personas que no logran superar experiencias traumáticas que vivieron en el seno familiar, quedando atrapadas en un túnel del tiempo sin poder liberar el potencial de felicidad que poseen en su interior.

El único camino para transitar hacia la reconciliación personal es el perdón, el cual permitirá sanar problemas emocionales asociados con baja autovaloración, rechazo, maltratos psicológicos y físicos. Cruzar el puente del perdón es garantizar la liberación de la esclavitud del pasado, permitiendo volar hacia el cumplimiento de los sueños del futuro.

Siempre cuento la historia del chino, que tenía una filosofía de vida que no le atribuía el concepto de bueno o malo a lo que experimentaba en la vida, en cierta ocasión el chino tenía una finca y su mejor caballo se escapó porque habían dejado la puerta de la cerca abierta, vinieron sus amigos y le dijeron -que mala suerte chino se fue tu mejor caballo, el chino respondió -"no che chi e bueno o malo", luego a los días el caballo regreso con otros caballos salvajes, los amigos le dijeron -que buena suerte chino, ahora tienes más caballos, y él les dijo -"no che chi e bueno o malo", a los pocos días el hijo del chino comenzó a domar los caballos salvajes, se cayó y se fracturó una pierna, e inmediatamente los amigos, le dijeron -"que mala suerte tiene tu hijo", a lo que el chino respondió -"no che chi e bueno o malo", luego de unos días inicio la guerra en China y se llevaron a todos los jóvenes a pelear, menos el hijo del chino, volvieron los amigos y dijeron -"que suerte tienes chino" a lo que respondió, lo que siempre le decía… -"no che chi e bueno o malo".

Así que debes aplicar la filosofía del chino cada vez que venga algo difícil a tu vida, de lo que no tengas control y decir "NO CHE CHI E BUENO O MALO".

Deberíamos ser como el chino de la historia, y no preocuparnos por colocar a las experiencias vividas la etiqueta de "BUENO O MALO", ya que siempre traen crecimiento si las sabemos analizar y superar, la clave es saber enfrentar las situaciones con las herramientas adecuadas.

En la familia se viven un sin fin de procesos: algunos agradables, que producen mucha felicidad y satisfacción, otros producen frustración y dolor. Pero no sabemos cuándo van a aparecer y deberíamos estar preparados para enfrentarlos.

En muchos casos carecemos de una preparación previa y no contamos con herramientas adecuadas para hacer frente a experiencias que marcan las emociones, generando traumas y complejos para toda la vida, de allí la necesidad del crecimiento emocional y espiritual que cada ser humano debe tener para poder transitar en la vida con alegría y felicidad.

Existen relaciones de parejas, de padres a hijos y entre hermanos, que se ven fracturadas por no tener la capacidad de superar situaciones conflictivas que dejan una estela de resentimiento y frustración generando un rompimiento en las relaciones familiares.

A fin de restaurar relaciones fracturadas se deben manejar herramientas personales de crecimiento y superación de experiencias y recuerdos dolorosos. Estas herramientas son necesarias para iniciar una nueva relación con una mejor convivencia y desarrollar una adecuada comunicación.

En este proceso de ayuda hay que responsabilizar a cada individuo de su crecimiento personal, somos responsables de "nuestro jardín personal", y debemos limpiarlo y hacerle mantenimiento regularmente.

Todos ofendemos y somos ofendidos con mucha frecuencia en la familia, esto es casi inevitable pero no debemos dejar que la ofensa se siembre en nuestro corazón y produzca resentimiento, hay que trabajarla con tiempo con el único remedio infalible "EL PERDON". Santiago 3:2, dice:

Porque todos ofendemos muchas veces. Si alguno no ofende en palabra, este es varón perfecto, capaz también de refrenar todo el cuerpo.

El perdón es el antídoto contra el veneno que produce la ofensa, el maltrato, el engaño, el insulto, la vejación o cualquier expresión humillante y desagradable que podamos recibir en la vida.

Quizás si recibimos maltrato de un extraño lo podemos manejar fácilmente ya que con alejarnos y cortar esa relación tenemos, pero cuando es un familiar cercano con quien convivimos y compartimos diariamente o con frecuencia, no es tan fácil buscar la solución a tal situación.

Si no aplicamos el perdón y no abordamos con tiempo la semilla de la ofensa antes que se siembre en nuestros corazones, ésta se convertirá en resentimiento, envenenará la relación familiar y contaminará la comunicación, ya que hablaremos desde el resentimiento.

Muchos matrimonios no logran superar las malas experiencias vividas por los desacuerdos, y aún peor por discusiones y ofensas producidas en el calor de ira descontrolada, en momentos difíciles, acumulándose resentimiento que dan paso a raíces de amargura, que brotan con facilidad cuando aparece la desavenencia o el conflicto no resuelto.

El Perdón debe ser un estilo de vida, y un enfoque en situaciones difíciles, todos somos diferentes para pensar, resolver y generar soluciones a los problemas, hay que considerar las diferencias y manejarla con madurez para minimizar la producción de ofensas permanente en la familia.

El Perdón es más que un sentir, es decidir superar la ofensa y pasarla por alto, es decir, no permitir que se anide en nuestro corazón, porque traerá fruto desagradable y amargo.

Las familias que perdonan son más felices, un corazón perdonador será un corazón libre y feliz. Si queremos hogares restaurados debemos enseñar a superar los agravios, las ofensas, a olvidar los ratos amargos y conflictivos que de una manera u otra todos vivimos dentro de la familia. Efesios 4:32, dice:

> **"**
>
> *Antes sed benignos unos con otros, misericordiosos, perdonándoos unos a otros, como Dios también os perdonó a vosotros en Cristo.*
>
> **"**

Perdonar es soltar la basura y residuos del pasado, es caminar sin peso ni ataduras, soltar el rechazo, la humillación y recuerdos frustrantes, para lograrlo es necesario: CERRAR CAPÍTULOS Y COLOCAR UN PUNTO FINAL.

Colocar un punto final, es empezar a escribir otros capítulos en la historia de nuestra vida familiar. Siempre se puede ser mejor, podemos y debemos ser felices.

Lo mejor está por escribirse en tu vida, avanza no dejes que el pasado sea un peso que te detenga en la vida, hay sueños que hacer realidad y debemos trabajar duro para traerlos a la existencia, si nos quedamos como víctimas del pasado nunca seremos dueños de nuestro futuro.

No seas un hijo frustrado de tu pasado, más bien, sé un padre feliz de tu futuro, un agradecido por el presente que Dios te da, el presente es lo que verdaderamente tienes y es un regalo de Dios.

Aprende a usar un corrector para tapar las fallas que se han escrito en tu hoja de vida, todos fallamos muchas veces, así que no eres el primero ni serás el último, debes seguir avanzando no te detengas, la vida está en movimiento y debes andar con ella.

Si perdonas serás más feliz, si eres feliz tendrás mejor salud y si tienes mejor salud podrás ver tus sueños cumplirse. Así que es cuestión de sentido común.

En la Palabra de Dios hay una historia hermosa del perdón familiar y es la historia del hijo prodigo. Como lo señala Lucas 15:11-32.

Allí podemos ver que un padre siempre está dispuesto a perdonar a sus hijos, cualquiera, que sean las circunstancias. Este pasaje enseña la importancia de la valentía de pedir perdón, la fortaleza de otorgarlo, la felicidad de compartirlo y finalmente, la infelicidad que se produce cuando no lo brindamos a los seres queridos.

El más valiente es aquel que está dispuesto a pedir perdón, y es un acto de valentía que requiere coraje y deseo de superar los conflictos. En esta historia "el valiente" fue el hijo prodigo quien pidió perdón, también observamos "el más fuerte" es aquel que otorga el perdón con facilidad, que requiere de fortaleza emocional para liberar los presos de la ofensa, en este caso fue el padre. Finalmente deberíamos tener "al más feliz", que se alegra por pedir y otorgar el perdón, en tal caso fueron el padre y el hijo.

Sin embargo, existe "el infeliz", es aquel que no perdona, la historia muestra a una persona infeliz, el hermano mayor, que se dedicó a recordarle al padre las cosas que su hermano menor hizo y decirle por qué no merecía su perdón, allí vemos que las personas que siempre recuerdan lo malo, y no superan la ofensa son infelices y pueden terminar la vida amargados y solitarios.

Aprovechando la enseñanza de esta historia, vivamos una vida saludable, practicando el perdón y no dejando que las manchas de las ofensas opaquen el brillo de la luz que nos ofrece Dios cada día, brindando el perdón a cada miembro de nuestra familia que nos hallan ofendido, lo merezcan o no, eso no lo vamos a cuestionar, ni analizar, porque merecemos ser felices.

Debemos darnos el mejor de los regalos a nosotros mismos: ES LA FELICIDAD, es el único regalo que garantiza el éxito personal.

Capítulo 9

FAMILIAS
restauradas

Sin una familia,
el hombre solo en el mundo,
tiembla con el frío.

André Maurois

La familia enfrenta grandes y feroces enemigos que desean destruirla y desintegrarla, pero Dios envió a Jesucristo no solo para salvarla familia, sino para restaurarla y posicionarla como clave para establecer el Reino del Padre Celestial. La Familia es un vehículo que porta la cultura del reino, de los principios y valores que se transmiten de generación a generación. Juan 10:10 dice:

> *El ladrón no viene sino para hurtar, matar y destruir, yo he venido para que tengan vida, y para que la tengan en abundancia.*

Podemos ver las tres operaciones satánicas en contra de la familia:

Hurtar: es robar sin violencia, el enemigo roba el tiempo de compartir, corregir y conversar en familia.

Matar: es eliminar el sueño de crecer, el deseo de mejorar en familia y finalmente;

Destruir: es aniquilar, pulverizar, el enemigo quiere destruir todo el sueño de Dios para el hombre.

Pero dice la otra parte del pasaje de Juan 10:10 Jesucristo "vino para dar vida y vida en abundancia"
Es decir, la familia necesita conocer la vida de Jesucristo para que se nutra de los sueños de Dios y de sus bendiciones.

El trabajo de restauración de la familia le pertenece a la iglesia, quien tiene el manual que contiene el diseño de la familia y es su responsabilidad, enseñarlo, difundirlo y establecerlo. La restaución de una familia se inicia con la concientización de un cambio de actitudes y reeducación de hábitos dañinos que perjudican la convivencia familiar.

Para lograr la fase de concientización: debemos reflexionar y preguntarnos, ¿Cómo estoy llevando mi relación familiar?, ¿esto es lo que soñé? Y si lo que soñé no es lo que estoy viviendo, se deben tomar decisiones que nos lleven al punto de origen de nuestro sueño y si no sabemos hacerlo, hay que pedir ayuda para iniciar los cambios.

Se requiere crear un espacio y un momento para llevar al individuo hacia su sueño inicial y reconectarlo con él mismo para que se inicie una fase de cambios que con determinación, esfuerzo y perseverancia se puedan lograr dichos cambios. Permitiéndole que pueda identificar las prácticas de actitudes y hábitos dañinos que han traído devastación a la relación familiar.

PROCESO DE CAMBIO

En este proceso debemos derribar las falsas creencias que poseemos en cuanto a ¿quién debe cambiar? ¿Cómo se debe producir cambio?, y ¿cuándo se debe producir?.

Lo primero es identificar esas falsa creencias como:

• **Es mi pareja quien me debe hacer feliz:** Hay que eliminar esa falsa expectativa, no podemos hacer responsable al cónyuge de nuestra felicidad, la felicidad es un estado interno, es mental y espiritual, es una actitud personal, nuestra familia no es la responsable directa de nuestra felicidad, somos nosotros mismos quienes debemos decidir ser felices.

• **Son ellos los que deben cambiar:** Muchos deseamos con todas nuestras fuerzas que se operen cambios en las demás personas de nuestra familia, pero no trabajamos hacia dentro de nosotros mismos que debe ser el punto de partida.

• **No deben hacerme sufrir:** Tenemos muy altas expectativas de los demás y cuando hacen algo que nos hiere o lastima, se nos va la alegría de la convivencia y nos sentimos como las victimas dentro de nuestra familia, hay que aprender a manejar el sufrimiento, la decepción y la frustración dentro de la familia, porque es parte de la realidad que debemos enfrentar.

• **No debemos pelear como familia:** Todas las familias enfrentan situaciones de conflictos y no deben desesperarse al tenerlas enfrente más bien deben aplicar sentido común, buscar de resolver y atacar los problemas de manera inmediata y eficaz. Al identificar el error de concepto que lleva al individuo a ser esclavo del mismo, lo estamos liberando emocionalmente. La restauración tiene que ver con la corrección de conceptos equivocados de la vida y asumir una nueva concepción que lleve a la auto realización.

Para llevar la familia a la restauración primero hay que ubicar la posición donde se encuentra y mostrar la dirección donde debería llegar y el método más eficaz de llegar allí.

Cuando se restaura una familia no hay que llevarla al pasado sino el origen, y el origen se encuentra en su diseñador. Para lograr este objetivo se requiere una actitud de superación y ganas de seguir adelante. Hay que otorgar una segunda oportunidad.

Para que esta segunda oportunidad tenga éxito no basta la buena intención se requiere preparación y conocimiento para poder sustituir hábitos improductivos por hábitos productivos.

Adquiriendo destrezas de comunicación familiar y ayudando a otras familias

La vida de familia es representada por los hábitos que se practica en su convivencia, en la vida todo es cuestión de hábitos, la manera como nos expresamos, la manera como nos comunicamos la manera como abordamos las situaciones difíciles y las diferencias.

Muchas familias se acostumbran a manejar mal sus diferencias, se van adaptando, se van condicionando a la infelicidad y a la discusión permanente, llegando a pensar que todas las familias son así.

Fuimos diseñados por Dios para la felicidad, para la armonía y para la buena comunicación.

La Palabra de Dios muestra un pasaje clave en Proverbios 12:26

> **"**
>
> *"El justo sirve de guía a su prójimo"*
>
> **"**

Los hijos de Dios que conocen diseño de la familia son los guías y orientadores de la sociedad que vive en oscuridad. Adquirir un nuevo sistema de comunicación efectiva que permita desarrollar una convivencia sana que logre el entendimiento y logros de metas comunes.

Podemos medir el nivel de comunicación definido como: "común acción", por la capacidad de accionar juntos que garantice el logro de metas comunes. En la familia se deben establecer metas comunes y crear un sistema de motivación definido como: "motivo a la acción", que funcione.

La familia es un equipo, los padres son entrenadores de sus hijos, un entrenador exige, pero también motiva y enseña estrategias para el logro de los objetivos, así los padres deben funcionar como entrenadores de la familia. El experimentar un buen sistema de convivencia familiar servirá de referente y de influencia para otras familias.

Creciendo y ayudando a otras familias

Todos nacimos con un propósito de vida, porque la vida es más que vivir, que comer, que vestir. Cuando la persona logra conseguir su propósito existencial eso le da un valor agregado a su existencia.

El Padre creador primero hizo tu propósito y luego te trajo a la existencia. Los hombres que han dejado un gran legado lo han hecho porqué consiguieron una causa por la cual soñar y luchar.

Reflexiona y has la pregunta ¿cuál es mi causa?, ¿qué es lo que me motiva?, ¿cuál sueño quiero convertir en realidad?.

Una vez que miras con atención a tu alrededor y te das cuenta de que hay miles de personas y familias que necesitan una ayuda con desesperación y sabes que tienes en tus manos esas herramientas para mejorarle la calidad de vida, debes entregarlas a esas familias, haciéndote parte del gran sueño que tuvo el gran maestro JESUCRISTO de ayudar a otros, salvar familias y enseñarles un nuevo estilo de vida.

Hay un pasaje que nos muestra, por un lado, lo poderoso que es el Señor JESUCRISTO y también la responsabilidad que tenemos sus discípulos de cooperar para que se realicen estos milagros. En Juan 11: 38-44 dice:

---------------------- **66** ----------------------

Jesús, profundamente conmovido otra vez, vino al sepulcro. Era una cueva, y tenía una piedra puesta encima.

39 Dijo Jesús: Quitad la piedra. Marta, la hermana del que había muerto, le dijo: Señor, hiede ya, porque es de cuatro días.

40 Jesús le dijo: ¿No te he dicho que si crees, verás la gloria de Dios?

41 Entonces quitaron la piedra de donde había sido puesto el muerto. Y Jesús, alzando los ojos a lo alto, dijo: Padre, gracias te doy por haberme oído.

42 Yo sabía que siempre me oyes; pero lo dije por causa de la multitud que está alrededor, para que crean que tú me has enviado.

43 Y habiendo dicho esto, clamó a gran voz: !!Lázaro, ven fuera!

44 Y el que había muerto salió, atadas las manos y los pies con vendas, y el rostro envuelto en un sudario. Jesús les dijo: Desatadle, y dejadle ir.

---------------------- **99** ----------------------

Cuando Jesucristo levantó a Lázaro de los muertos y con el poder de su Palabra le impartió vida, en ese pasaje podemos ver algunos aspectos interesantes:

1. Dijo a los discípulos quitad la piedra, es decir tenemos que accionar para que se produzca el milagro en nuestras familias, no podemos quedarnos inertes y esperar que algo diferente suceda debemos "QUITAR LA PIEDRA" para que

"nuestro lázaro" es decir aspectos muertos en nosotros puedan resucitar. Esto requiere de esfuerzo y determinación, los cambios no son instantáneos hay que sustituir hábitos, pensamientos y acciones.

2. Después que resucitó a Lázaro volvió a dar otras órdenes a los discípulos, que lo desataran y dejaran ir, tenemos mucho trabajo en ayudar a los Lazaros que resucitan y desatarlos, es decir enseñarles a vivir una nueva vida libres de las ataduras del pasado, que les impide poder moverse hacia la felicidad y logros personales. Existen muchos Lazaros en nuestras iglesias, que han resucitado, pero no han sido desatados de los viejos hábitos y no tienen movilidad ni alcance.

Por eso es tan importante que seas un discípulo activo en la restauración de familias ayudando a "los Lazaros" que necesitan crecer y manejar nuevos principios para comenzar una nueva vida según el diseño de Dios. Pero para poder desatar a otros tú mismo debes estar libres no puedes enseñar lo que no sabes, ni dar lo que no es tuyo, ni llevar a nadie donde nunca has ido, este proceso de restauración comienza con el primer protagonista TU MISMO, y luego lo llevas a tu familia y al resto de la sociedad que necesita urgentemente de consejeros y orientadores familiares. Alguien que les marca una ruta de vida familiar.

Debemos dejar una huella imborrable a nuestro paso, luchar por el sueño de ayudar, restaurar y bendecir familias de nuestra nación.

Levantar una mejor nación y construir el país que soñamos, como lo realizó Nehemías, luchó por reconstruir los muros de su nación, hizo realidad un sueño y logró involucrar toda una nación.

Pero para lograr realizar ese sueño tuvo que manejar estrategias claras y definidas ya que los enemigos no querían permitir que se realizara el trabajo. Y dijo Nehemías 4:14

———————————— **"** ————————————

Después miré, y me levanté y dije a los nobles y a los oficiales, y al resto del pueblo: No temáis delante de ellos; acordaos del Señor, grande y temible, y pelead por vuestros hermanos, por vuestros hijos y por vuestras hijas, por vuestras mujeres y por vuestras casas

———————————— **"** ————————————

Allí podemos ver tres pasos fundamentales en la ejecución de su proyecto de restauración: Menciona la palabra "miré", donde se muestra que analizó las situación con detenimiento, con ganas de ayudar y de servir a la nación, luego dice "me levanté", lo que muestra la decisión de hacer algo, no debemos analizar solo la problemática de la familia debemos dar un paso al frente y ser parte de la solución, aportar ideas creativas para salir de las situaciones negativas donde se encuentran muchas familia, y finalmente invitó al pueblo "a pelear por las familias", es decir no quedarnos detenidos ni ser conformistas con conocer las diferentes situaciones de peligro que atacan la familia para volverla disfuncional y finalmente desintegrarla.

Debemos ser "los Nehemías" que nos levantemos por las familias de nuestra nación y con valentía defendamos el núcleo de la sociedad y la fábrica de seres humanos.

¿Cómo lo hacemos?, enseñando, difundiendo y estableciendo el diseño de Dios para la familia, Primeramente, educando a los jóvenes para establecer el Diseño en sus nuevas familias, ya que ellos son la materia prima de las nuevas familias que harán vida en la sociedad.

Por otra parte, enseñando a los Padres que asuman con responsabilidad y valentía sus funciones de instruir, corregir y gobernar el hogar, así mismo enseñando a los hijos a honrar a sus padres y respetar las normas de convivencia que se establezca en el hogar.

¿Dónde están los Nehemías reconstructores de familias y naciones? Espero puedas responder ¡aquí hay uno!

Es hora de levantarnos y pelear por nuestras familias y sociedad en general. Luchemos por tener una "FAMILIA MEJOR Y VOLVAMOS A SOÑAR" por nosotros y por nuestro país y traer a la existencia la familia y la sociedad que siempre hemos soñamos.

Capítulo 10

¿QUÉ SIGUE?
vuelve a soñar

*La paz y la armonía constituyen
la mayor riqueza de la familia.*

Benjamín Franklin

Vuelve a soñar

Dios nos creó con una capacidad extraordinaria que es: la de soñar, esto nos hace volar desde el presente hacia nuestro futuro, es poder vernos a nosotros mismos y a otros con los ojos del corazón de Dios, en otro lugar, tiempo y personas, es definitivamente una capacidad poco comprendida y valorada que poseen los seres humanos.

Al analizar la historia bíblica de José y sus sueños, pareciera que vivió la experiencia de sueños rotos, cuando era muy joven tuvo un sueño extraordinario y se los comentó a sus hermanos, lastimosamente no consiguió el apoyo y el respaldo que hubiese querido para lograr hacerlos realidad como él pensaba, sin embargo, se hicieron realidad a través de otros caminos.

Cuando nuestros sueños son puestos por Dios, éstos siempre se hacen manifiestos, Dios nunca se equivoca, temprano o tarde se cumplen. Quizás no como nosotros queremos porque no sabemos los medios que Dios usará para hacerlos realidad y cuando no comprendemos esto pensamos que son sueños rotos o que somos unos fracasados.

Vivir y luchar por los sueños

Dios nos muestra el destino, que llevará al cumplimiento del sueño, debemos tener una actitud correcta en todo el caminar hacia la realización de nuestros sueños. En Génesis 37:4-8, relata esta historia así:

——————————————— **66** ———————————————

4 Viendo sus hermanos que su padre amaba más a José que a ellos, comenzaron a odiarlo y ni siquiera lo saludaban.

5 Cierto día José tuvo un sueño y, cuando se lo contó a sus hermanos, éstos le tuvieron más odio todavía, 6 pues les dijo:

Préstenme atención, que les voy a contar lo que he soñado. 7 Resulta que estábamos todos nosotros en el campo atando gavillas. De pronto, mi gavilla se levantó y quedó erguida, mientras que las de ustedes se juntaron alrededor de la mía y le hicieron reverencias.

8 Sus hermanos replicaron: ¿De veras crees que vas a reinar sobre

nosotros, y que nos vas a someter?

Y lo odiaron aún más por los sueños que él les contaba.

———————— 99 ————————

PRIMERA ETAPA:
Los sueños y ¿con quién los comparto?

En esta parte de la vida de José, podemos ver que cuando le comunicó el sueño a sus hermanos, despertó en ellos más rechazo del que le tenían, es decir, que tu sueño podrían aumentar los sentimientos de apoyo o rechazo que las personas sientan por ti, por lo tanto debes considerar mucho ¿a quién se los comunicas? y ¿con quién lo compartes?, luego de provocar sentimientos de más rechazo y odio, los hermanos decidieron deshacerse de José, ¡buen premio por compartir sus sueños!

José es vendido por sus hermanos. En Génesis 37:18-20,28,36

———————— 66 ————————

18 Como ellos alcanzaron a verlo desde lejos, antes de que se acercara

tramaron un plan para matarlo.19 Se dijeron unos a otros:

—Ahí viene ese soñador. 20 Ahora sí que le llegó la hora. Vamos a

matarlo y echarlo en una de estas cisternas, y diremos que lo devoró un

animal salvaje. ¡Y a ver en qué terminan sus sueños! 28 así que cuando

los mercaderes madianitas se acercaron, sacaron a José de la cisterna y

se lo vendieron a los ismaelitas por veinte monedas de plata. Fue así

como se llevaron a José a Egipto. 36 En Egipto, los madianitas

lo vendieron a un egipcio llamado Potifar,

funcionario del faraón y capitán de la guardia.

———————— 99 ————————

SEGUNDA ETAPA:
Luchar y resistir la oposición

En estos pasajes podemos ver la segunda etapa de los sueños para aprender a manejar la oposición, en este caso de los hermanos que pensaban matarle, pero al final lo venden y lo dieron como esclavo en Egipto.

En esta etapa debes ser fuerte para enfrentar a los depredadores de tu sueño, también enfrentar aquellos que "te venderán" o podrían entregarte a situaciones que nunca has vivido y que requieren entereza y fuerza espiritual para superarlas, como las etapas de José: prisionero en el pozo, el ser esclavo de personas y vivir situaciones difíciles.

Me imagino a José analizando todo su pasado y diciéndose ¿Qué hice para merecer esto? ¿Esto no fue lo que yo soñé?, y allí hay una clave para seguir luchando y tomar fuerzas, si lo que estás viviendo no es lo que soñaste, entonces todavía falta mucho camino por recorrer. En vez de sentirte angustiado y desesperado por verte lejos de tu sueño toma fuerza y coraje, háblate a ti mismo y di: voy camino a mi sueño. No he llegado aún, porque ¡esto no fue lo que yo soñé!.

Una vez que José fue vendido a un hogar egipcio comienza a vivir otra etapa de los sueños: la preparación.

TERCERA ETAPA:
La preparación

José no se entristeció, sino que tuvo una actitud de aprendiz seguía el curso que el camino le llevaba, empezó a trabajar como mayordomo a conocer la cultura egipcia, las costumbres y maneras de comunicarse en la sociedad egipcia. Fue su primer nivel de entrenamiento.

Para lograr nuestros sueños debemos trabajar duro con nosotros mismos y aprender de los demás con humildad, dejar de victimizarnos, boicotearnos y dejar de sentir lástima por las cosas malas que nos han pasado en el camino hacia el cumplimiento de nuestros sueños, "trabaja y aprende", "aprende y trabaja", eso fue lo que hizo José trabajo con constancia y esfuerzo.

Circunstancias difíciles y la prueba de sus valores morales y espirituales, llevo a José a la cárcel injustamente acusado por intento de abuso sexual a la esposa de su jefe llamado Potifar.

Sin embargo, dice la biblia que Dios estaba con él. Y esta situación lo llevo a otra etapa muy importante crear conexiones.

CUARTA ETAPA:
Las conexiones

Fue llevado José a la cárcel, por un delito que no cometió, sin embargo, allí estuvo estableciendo conexiones que lo acercarían al cumplimiento de su sueño por el cual había sufrido tanta injusticia.

Estando en la cárcel aprendió otros oficios, idiomas y leyes que lo capacitaron para desarrollar su sueño con excelencia profesional. Así como José es necesario aprender a cultivar conexiones, ten un espíritu humilde y enseñable para crecer.

Cuando José estaba en la cárcel y habiendo escalado posición de autoridad y respeto dentro de la misma, quizás meditaba en su corazón ¡esto no fue lo que yo soñé!.

Debemos cultivar relaciones y conexiones fuertes que permitan nutrirnos y aprender, necesitamos lo que la gente sabe y tienen, es por eso que debemos lograr conseguirlo e igualmente brindar a la gente lo que sabemos y tenemos para crecer juntos en los procesos.

Interpretando los sueños del copero y panadero del Faraón, José se acercó rápidamente al trono de Egipto, su don y su actitud le abrió el camino.

Finalmente llegó el día del cumplimiento de su sueño frente al faraón de Egipto, había superado las otras etapas y ahora se estaba abriendo ante él la puerta grande, pero paso con valoración y confianza en Dios lo logró, se posicionó en la silla de gobierno que había soñado.

QUINTA ETAPA:
El cumplimiento

Cuando vio a sus hermanos arrodillados ante él, pudo haber sentido rencor y odio, por todos los años que vivió alejado de su familia, sin embargo, decidió perdonar y aceptar con humildad el propósito de Dios en el cumplimiento de su sueño, dejar atrás el dolor del pasado, perdonar a los hermanos que lo vendieron como esclavo, abrazar a su amado padre Jacob y hermano menor Benjamín.

En la etapa del cumplimiento de los sueños debemos ser maduros y fuertes para perdonar y, por otro lado, humildes y generosos para abrazar y compartir con alegría las bendiciones que el Padre Celestial nos brinda.

El cumplimiento de nuestros sueños garantiza que el propósito de Dios se cumpla, José no solo salvo a su familia sino a toda una nación del hambre y muerte que la azotaba.

Debes ser valiente para enfrentar todo el proceso que el cumplimiento de los sueños requiere, no tengas miedo confía en tu Hacedor de maravillas, como lo hizo José el cual se convirtió en un instrumento de bendición para las naciones.

Los procesos serán tan fuertes como sea el tamaño de tu sueño, no te detengas, avanza y entrega lo mejor en cada paso que das hacia la meta.

No dejes que nadie te robe tus sueños, aunque te vendan como esclavo, te acusen injustamente, se olviden de ti y hasta pierdas los afectos de los seres más queridos, persigue tus sueños que son el propósito de Dios para tu vida.

Se valiente y no dejes de soñar.

¡VUELVE A SOÑAR y no dejes de hacerlo **"NUNCA"**!

Obras citadas

Arraiz de, Zulay: Escuela para Padres I y II, Escuela de matrimonio Fundamicom, 2001, Venezuela

Autoestima Familiar, Superación desde Adentro, 2011 Mirbet ediciones, Lima Perú.

Bonilla, Jesús: De Corderos a Leones 2014, Industrias Gráficas Papyros, Venezuela

Cloud, Henry-Townsen, Jhon: Rescata tu vida amorosa, 2006, Editorial Casa Creación, EUA

Dodson, James: Como criar a un niño de Voluntad firme, 1978, Editorial Unilit, EUA

Teme, Héctor: Otra oportunidad, 2009, Editorial Papyros, Venezuela

Vázquez, Guillermo: El mundo necesita Padres, 1995. Editorial Alfalt Miami, EUA

Vidaurre, Carmelo: Padres Educadores, Hijos Felices, 2001 Ediciones Tripoide, Venezuela

Simons, Dave: Papá como entrenador de la familia, 1995 Editorial Caribe EUA.

Leys, L: Viene D@vid, 2011, Certeza Argentina

Luce, R: Re-Crear, 2009 Patmos, Miami, Usa

Pearl, Michael y Debi: Para Entrenar a un Niño, CLC COLOMBIA, 2009

Getz, Gene: La medida de una Familia, 1980,Editorial CLIE, EUA.